rowohlts monographien

HERAUSGEGEBEN

VON

KURT KUSENBERG

FRANZ VON ASSISI

IN SELBSTZEUGNISSEN UND BILDDOKUMENTEN

DARGESTELLT VON IVAN GOBRY

ROWOHLT

Aus dem Französischen übertragen von Oswalt von Nostitz
Durchgesehen von P. Kajetan Eßer OFM
Den dokumentarischen und bibliographischen Anhang bearbeitete Paul Raabe
Umschlagentwurf Werner Rebhuhn

1.–25. Tausend	September 1958
26.–30. Tausend	Juni 1965
31.–35. Tausend	Februar 1968
36.–38. Tausend	Juni 1970
39.–41. Tausend	September 1971
42.–44. Tausend	März 1973
45.–47. Tausend	April 1974

Veröffentlicht im Rowohlt Taschenbuch Verlag GmbH,
Hamburg, September 1958
Mit Genehmigung des Verlages Éditions du Seuil, Paris

Gesetzt aus der Linotype-Aldus-Buchschrift
und der Palatino (D. Stempel AG)
Gesamtherstellung Clausen & Bosse, Leck/Schleswig
Printed in Germany
ISBN 3 499 50016 7

INHALT

DAS LEBEN DES HEILIGEN FRANZISKUS

Das Jahr 1182

Umbrien ist ein auserwähltes Land. Es finden sich dort nicht die majestätischen Berge Piemonts, die bezaubernden Gestade der Riviera, die ehrwürdigen Ruinen Roms, und doch unterliegt der Besucher einer Anziehung, die sich nicht erklären läßt. Die grauen Täler des Apennins, in denen der Blick immer wieder auf die gleichen Ölbäume, die gleichen Sträucher fällt, wären überall sonst bald eintönig; nur einige hochgeschossene Zypressen sorgen hie und da für eine pittoreske Note, aber auch ihnen gelingt es nicht, dieser dürren Gegend die Anmut oder die Fülle zu verleihen, die andere Mittelmeerlandschaften so reizvoll macht. Und gleichwohl erobert Umbrien die Herzen; liegt das vielleicht an dem goldenen und etwas drückenden Licht, das die Augen entzückt, an jener ernsten Heiterkeit, welche die Sorgen lindert? Man weiß es nicht recht. Der Zauber Umbriens besteht aus einer Lieblichkeit, einem Frieden, die den ganzen Menschen durchdringen und einen diese Erde so liebgewinnen lassen wie ein inneres Vaterland. Man muß sich Gewalt antun, um sie zu verlassen; und selbst wenn man danach andere italienische Landschaften genossen hat, die mannigfaltiger und reicher sind, möchte man nach Umbrien zurückkehren und lange Zeit dort verweilen.

Assisi liegt wie die meisten umbrischen Städte auf dem Hang einer Anhöhe: dem Monte Subasio, der mit seinen dreizehnhundert Metern das weite Tal des Chiascio beherrscht. Durch ihre Tore, ihre Gassen, ihre Kirchen hat die Stadt einen mittelalterlichen Charakter bewahrt; ihre Sprödigkeit, ihre Armut wurden im Lauf der Jahrhunderte nicht gemildert, und dem Schutze des *Poverello* [1] ist es zu verdanken, daß die Devotionalienhändler, die überall aus ehrlicher Frömmigkeit ihren Gewinn ziehen, hier nicht das Auge des Pilgers beleidigen. Der heilige Franziskus ist in diesem Orte geboren, und Assisis demütige Einfalt hütet das lebendige Andenken an diesen Großen des Geistes. Alles verkündet oder flüstert dort seinen Namen; jeder Stein legt von ihm Zeugnis ab. Und so geschieht es, daß uns die Bäume, die Vögel, die Brunnen, die uns drunten im Tale mit dem Frieden der Natur erfüllten, diesmal zum Frieden Gottes aufrufen. Kosmische und göttliche Reinheit verschmelzen in dieser Stadt zu einer köstlichen Frische, so daß man in solchem Dufte des Herzens nicht mehr zu unterscheiden vermag, was von der umbrischen Heiterkeit, was von der seraphischen Freude herrührt.

Und doch ist der franziskanische Frieden nicht zufällig durch ein Zusammentreffen glücklicher Umstände entstanden. Er beruht auf dem beharrlichen Werk eines Menschen. Als er geboren wurde, erbebten Assisi und Italien unter dem Ansturm roher Leidenschaften;

---

1 Volkstümlicher Beiname des hl. Franziskus. Diminutiv von *il povero* = der Arme.

Assisi

die Seelen lebten für den Haß und die Leiber für den Kampf; die Einwohner der Stadt, die gewappnet und gespornt in die Ebene hinabstiegen, verstanden es nicht, das milde Licht zu genießen. Als sich Franziskus blind und dem Tode nah auf seiner Bahre aufrichtete, um ein letztes Mal seine Stadt zu segnen, flehte er, als sicherstes Unterpfand seiner Liebe, den Frieden auf sie herab. Gott hat diesen Wunsch in Erfüllung gehen lassen. Und das sollte für uns Anlaß sein, unsere Schuld zu begleichen und den Mann kennenzulernen, der den Wolf von Gubbio bekehrte, vor allem aber anderen blutrünstigen Wölfen ihre Menschengesichter wiederschenkte.

Homo homini lupus, «der Mensch ist ein Wolf für den Menschen.» Anno Domini 1182, im Geburtsjahr des heiligen Franziskus von Assisi, findet dieses pessimistische Urteil des Plautus seine offensichtliche Bestätigung. Der Kaiser kämpft gegen den Papst, der Ghibelline gegen den Welfen, der Bürger gegen den Edelmann; selbst die kleinste italienische Stadt unterhält eine Bürgerwehr, die stets gerüstet ist, um den Nachbarn Trotz zu bieten. Bündnisse werden geschlossen und wieder aufgelöst, die Fürsten schmeicheln einander oder schelten sich gegenseitig aus; sie wählen Kaiser, die von Rom verlangen, daß es ihre hochfliegenden Pläne unterstützt, oder, wenn sie in Acht und Bann getan sind, sogar den Nachfolger Petri in seinem Palaste bedrohen.

Seit einem Jahrhundert befindet sich die Apenninenhalbinsel durch den Zwist zwischen Kaisertum und Papsttum in ständiger Unruhe [1]; in dem Streit zwischen Kaiser Heinrich IV. und Papst Gregor VII., der ihn auslöste, mochte er noch als eine Auseinandersetzung zwischen weltlicher und geistlicher Gewalt erscheinen: als wechselseitiger Versuch, Cäsaropapismus und Klerikalismus einzudämmen. In Wahrheit ist es jetzt nur ein Vorwand; bei dieser Rivalität, die weit mehr einen politischen als einen juristischen oder theologischen Charakter hat, geht es vor allem um die Beherrschung Italiens. Die unsicheren, unstabilen Verhältnisse in diesem Lande sind allen gewaltsamen Unternehmungen günstig. Der 1139 durch Roger II. vereinigte Süden ist nun das Königreich beider Sizilien; aber die normannischen Fürsten haben ihre Macht noch nicht hinreichend gefestigt, und ihre erst kürzlich eroberten Besitzungen werden von den beiden Kaisern begehrt, dem Kaiser des heiligen römischen Reiches deutscher Nation und dem Kaiser von Byzanz. Der Rest – außer Latium und dem früheren Exarchat von Ravenna, die das Patrimonium Petri bilden – gehört zum Königreich Italien, dessen nomineller Souverän der Kaiser ist. Tatsächlich haben sich aber die meisten lombardischen Städte als Republiken konstituiert, die dem Imperator Widerstand leisten und ihre Autonomie unter den Schutz des Papstes stellen. So erhalten die Begriffe «Welf» und «Ghibellin», die in Deutschland dazu dienen, die Anhänger der Welfenherzöge und der Hohenstaufen, der Herren von Waiblingen,

1 Siehe die Zeittafel S. 160.

zu kennzeichnen, in Italien einen ganz neuen Sinn. Zur Zeit, da die kaiserliche Macht vom Hause Schwaben ausgeübt wird, sind hier die Ghibellinen mit den Kaiserlichen, die Welfen mit den Päpstlichen identisch.

In diesem Jahre 1182 bekleidet ein gefürchteter Kriegsherr seit drei Jahrzehnten die Kaiserwürde: Friedrich Barbarossa. 1158, unter dem Pontifikat des milden und auf Zeitgewinn bedachten Adrian IV., hatte er mit Hilfe eines Bundes der ghibellinischen Städte alle Welfenstädte unterworfen, darunter Mailand, die mächtigste Widersacherin. Doch schon im folgenden Jahre erhielt nach dem Tode Adrians Alexander III. die Tiara, ein energischer und hartnäckiger Mann, der dem Kaiser zweiundzwanzig Jahre lang Trotz bieten sollte. So erhoben die Städte wieder ihr Haupt; Friedrich bezwang Mailand, drang in den Kirchenstaat ein und bemächtigte sich Roms, wo er sich durch den Gegenpapst Paschalis III. krönen ließ. Bald danach raffte jedoch die Pest das kaiserliche Heer hinweg und Friedrich konnte nur auf dem Umwege über Burgund nach Deutschland zurückkehren. Entschlossen, mit den aufsässigen Städten ein Ende zu machen, erschien er abermals an der Spitze eines neuen Heeres in der Lombardei, wurde aber am 29. Mai 1176 durch die Verbündeten in der Schlacht von Legnano vernichtend geschlagen. So mußte er sich dem Papst unterwerfen und die Autonomie der lombardischen Städte anerkennen. Sodann festigte er seine Macht in Deutschland; es war ihm schließlich gelungen, Heinrich den Löwen, Herzog von Bayern, seinen gefährlichsten Rivalen, auszuschalten; nun kam es ihm darauf an, mit den anderen deutschen Fürsten zu einem guten Einvernehmen zu gelangen.

In die Zeit dieser Waffenruhe fällt die Geburt des Franziskus. Der starke Papst Alexander ist schon seit einem Jahre tot, und ein milder Greis ist sein Nachfolger, Lucius III., auch er ein Freund der Lombarden. Die italienischen Städte nützen die Windstille, um ihre Mauern wieder aufzubauen, ihre Milizen zu bewaffnen, ihren Handel auszudehnen. Venedig und Ancona an der Adria, Genua und Pisa an der tyrrhenischen Küste entsenden ihre Schiffe ins ganze Mittelmeer. Auch in Mittelitalien herrscht ein reges Treiben. Das Herzogtum von Spoleto, zu dem Assisi gehört, hat aus dem Waffenstillstand von Venedig seinen Nutzen gezogen; Spoleto, das 1155 von Friedrich Barbarossa geschleift worden war, ist jetzt eine ganz neue Stadt, ein aktiver Handelsplatz auf halbem Wege zwischen Rom und Ancona. Assisi, das drei Jahre lang dem Erzbischof Christian von Mainz, einem Freunde des Kaisers, unterstanden hatte, wählt jetzt seine Ratsherrn; gleich weit entfernt von Perugia, das im päpstlichen Gebiet liegt, und von dem auf dem Wege nach Spoleto gelegenen Foligno, treibt es nur mit der letzteren Stadt Handel; denn mit Perugia, dem Erbfeind, liegt es in blutiger Fehde: Seit undenklichen Zeiten kämpfen die beiden Städte miteinander um die wirtschaftliche Vorherrschaft; Überfälle, Schlägereien, regelrechte Schlachten lösen sich ab. Bisher hat diese Rivalität Assisi nur Verdruß eingetragen,

Ein Stadttor von Assisi

denn das reichere und mächtigere Perugia unterhält eine zahlreichere Bürgerwehr, und überdies machen die «Majores», die auf den Kaiser vereidigten Edelleute, zuweilen gemeinsame Sache mit der Rivalin, um den Anmaßungen der Bürger zu begegnen.

Versucht die Kirche zumindest, dieses Fiebern nach Besitz zu besänftigen, den Gewaltsamkeiten Einhalt zu bieten? Was unternimmt sie gegen diese sozialen Wirren, diese individuellen Leidenschaften? Zweifellos gewinnt man den Eindruck, daß es sich bei den meisten Päpsten des 12. und 13. Jahrhunderts um würdige und weise Männer handelte, die sich ihrer allgemeinen Vaterpflichten bewußt waren; bei aller ihrer Tugendhaftigkeit sind sie jedoch weltliche Fürsten, und ihre politischen Bemühungen, den territorialen Besitz der Kirche zu sichern, führen häufig dazu, daß sie eine Rolle spielen, die ihres geistlichen Amtes nicht würdig ist. Was die Männer der Kirche angeht, so tritt bei ihnen die Sorge um das Apostolat kaum in den Vordergrund. Trotz allem, was man gegen sie angeführt hat, richtet sich dieser Vorwurf nicht so sehr gegen die Mönchsorden; der Reichtum der Benediktinerabteien — vor allem der kluniazensischen — sprach freilich dem allgemeinen Elend Hohn und ließ die religiöse Inbrunst erlahmen. Der erstere Mißstand wurde jedoch häufig durch die Wohltätigkeit der Mönche ausgeglichen, die sich in Notzeiten der Hungrigen annahmen, und dem zweiten wirkte sehr nachhaltig die Gründung des Zisterzienserordens am Ausgang des 11. Jahrhunderts entgegen, die den Zweck verfolgte, die Regel des heiligen Benedikt in ihrer ganzen Strenge aufleben zu lassen und vor allem die Klostergemeinschaft wieder zu strenger Armut anzuhalten; beim Tode des heiligen Bernhard (1153), des eifrigsten Verfechters der zisterziensischen Reform, zählte der neue Zweig der Benediktiner bereits dreihundertfünfzig Klöster. Anderseits verdanken auch die Kanoniker — Ordensangehörige, welche ihr Offizium nach den kanonischen Vorschriften beten, sich zugleich aber dem Priesteramt widmen — dem heiligen Norbert, der im Jahre 1120 den Prämonstratenserorden gründet, ihre religiöse Erneuerung. Es wäre somit ungerecht, wenn man behaupten wollte, die Ordensleute hätten zur Zeit der Geburt des Franziskus von Assisi nicht ihre Aufgabe erfüllt, durch Arbeit und Gebet, Gehorsam und Keuschheit sowie durch ein entbehrungsreiches Leben ein Vorbild zu geben.

Anders steht es mit dem Weltklerus. Bei ihm ist das Versagen weit spürbarer, ist er doch unmittelbar mit der Seelsorge betraut. Der niedere Klerus verkommt in Faulheit und Ignoranz, während die Prälaten durch allerhand Machenschaften zu Geld und Einfluß zu kommen suchen. Manche Pfründen sind sogar erblich geworden. Dreißig Jahre später sieht sich das vierte Laterankonzil genötigt, gegen Geistliche, die sich dem Trunk ergeben, der Jagdleidenschaft frönen, Handel treiben, sich rot oder grün kleiden, strenge Maßnahmen vorzusehen. Alle diese kirchenrechtlichen Vorschriften zeigen, wie sehr die Hirten ihre Herde verwahrlosen ließen, um sich ihren persönlichen Angelegenheiten zu widmen. Es erscheint nicht verwunderlich, daß damals weite Volkskreise den Glauben an ein Dogma verlieren, von dem sie keine Ahnung haben, und Männern, die ihnen verächtlich vorkommen, kein Vertrauen entgegenbringen.

Die Anhänglichkeit an das Evangelium bleibt jedoch unbeeinträchtigt. In ganz Europa schießen denn auch Reformationsbewegungen aus dem Boden, die dem offiziellen Bemühen der Kirche zuvorkommen. Pierre de Bruys in Südfrankreich, Tanchelm in Belgien, Arnold von Brescia in Italien predigten zu Beginn des Jahrhunderts gegen den Reichtum der Prälaten und die irdische Macht der Kirche; zahlreiche Gläubige leisteten ihnen Gefolgschaft. Zu dieser Zeit gab es viele organisierte Sekten, die erklären, dem Ideal Christi nachzuleben: die Waldenser und die Albigenser oder Katharer[1]. Sie finden derartigen Zulauf, daß sie in allen Gesellschaftsschichten Anhänger zählen, sogar in römischen Kreisen; im Jahre 1203 wählt Assisi den Katharer Giraldo zum Podestà.

Leider erweist sich diese mächtige Gegenströmung als unfähig, eine wahrhafte Sittenreform herbeizuführen, ja, diese apostolischen Bestrebungen stellen sich als besonders schädlich heraus, da sie an vier Mängeln kranken. Der erste und am weitesten verbreitete ist die Hoffart und der Geist der Empörung gegen die Kirche: Diese ist für sie Babylon, die Hure der Geheimen Offenbarung; kein Geistlicher verdient daher Achtung, wenn er nicht wie sie das apostolische Leben führt; keiner ist rechtmäßiger Eigentümer! Daher wiegeln einige der Sektenführer, wie Arnold von Brescia, die Gläubigen auf, den Klerus seiner Güter zu berauben; so kommt es wohl auch einmal zu Gewalttätigkeiten, die sich bis zum Aufruhr und zum Massaker steigern. Diese Rebellion wirkt sich auch geistig aus und zeitigt Häresien; alle neuen Doktrinen der späteren Reformation sind schon im Keime in diesen Gemeinschaften enthalten: Peter von Bruys, der Gründer der Petrobrusianer, verwirft die wirkliche Gegenwart Christi im Altarsakrament, die Kindertaufe und die Bilderverehrung; Amalrich von Bena, Stifter der Amalrikaner, lehrt die individuelle Erleuchtung durch den Heiligen Geist und die Nutzlosigkeit der Sakramente; die Waldenser lehnen Priesteramt und Hierarchie ab; die Katharer, die auf den Manichäern des 4. Jahrhunderts fußen, sind sogar Anhänger der Seelenwanderung und des Dualismus: diese letztere Doktrin erkennt zwei ewige Prinzipien an, den guten Gott, Schöpfer der Geister, und den bösen Gott, Schöpfer der wahrnehmbaren Welt. Die Neuerer ziehen durch Stadt und Land, um ihre Lehren zu verbreiten, und das dritte Laterankonzil (1179) hat sich gezwungen gesehen, den Laien das Predigen und die Auslegung der Heiligen Schrift zu untersagen. Wenn sie verurteilt werden, unterwerfen sie sich nur selten; freilich zieht Durand von Huesca, einer der Führer der Waldenserbewegung, als einzelner diese Konsequenz.

Der dritte Makel ist der Illuminismus. Die meisten Häresiarchen treten als Werkzeuge des Heiligen Geistes auf, als seien sie auserwählt, eine neue Ära heraufzuführen. Tanchelm läßt sich *Bräutigam der Jungfrau* nennen. Joachim von Fiore, der berühmte Zisterzienserabt — der niemals an Auflehnung dachte, dessen seltsame Lehre jedoch zahlreiche Anhänger fand — prophezeit das Ende des Neuen Bundes auf den Trümmern der verfallenen Kirche und das nahe bevorstehende Kommen des *ewigen Evangeliums*, als Triumph des Geistes über den Buchstaben. Schließlich schlägt die entfesselte Reinigungswut häufig in Verderbtheit um; die Amalrikaner ziehen aus ihrer Übereinstimmung mit Christus den Schluß, daß sie unfähig

---

1 H. Grundmann, Religiöse Bewegungen im Mittelalter, 1935. — A. Borst, Die Katharer, 1953. — E. Comba, Storia dei Valdesi, 1953.

seien, zu sündigen: sie werfen sich daher keine Vergehen vor, da sie überzeugt sind, in jeder Hinsicht gottähnlich zu handeln; die Begarden, Vorläufer der Quietisten, bilden sich ein, den Heiligen Geist in sich zu beherbergen und alles unter seiner Eingebung zu tun: die Freiheit des Geistes wird auf diese Weise gleichbedeutend mit Liederlichkeit. Was die Katharer angeht, so verurteilen sie Ehe und Fortpflanzung und gestatten zugleich den Gläubigen, die nicht die Kraft haben, sich den *Vollkommenen* zuzugesellen (also zweifellos der großen Mehrzahl), bis zum Empfang des *Consolamentum* ihr gewohntes Leben weiterzuführen; dieser Ritus ist dazu bestimmt, ihnen im letzten Augenblick die Reinigung zu verleihen, die sie als unerläßlich für das Seelenheil halten.

Kurz gesagt, zeigen also die Menschen, die sich vornehmen, die Schwächen der Kirche zu reformieren, weder Demut noch allumfassende Nächstenliebe, ja in manchen Fällen nicht einmal Keuschheit. Sie sind nicht in allem Vorbilder, vielmehr für viele ein Gegenstand der Furcht und des Ärgernisses. So sterben sie denn auch häufig einen gewaltsamen Tod: Tanchelm wird ermordet. Peter von Bruys wird von der Menge auf den Scheiterhaufen geworfen, den er mit Kruzifixen angezündet hat. Anderseits vollzieht sich auch die Unterdrückung der Wirren nicht ohne Härten: die Bischöfe verwenden geistliche Strafen, der weltliche Arm straft mit Verbannung und Folter, und schließlich entfesseln die rechtgläubigen Fürsten auf Anforderung Roms jenen schrecklichen Kreuzzug gegen die Albigenser in der Languedoc, der in dem Jahre beginnt, in dem der heilige Franz seinen Orden gründet, und erst drei Jahre nach seinem Tode ein Ende findet.

Die Welt, die Franziskus Willkommen bietet, ist eine Welt, in der Untreue, Gewinnsucht und Gewalt herrschen. Durch ein Zusammentreffen glücklicher Umstände wird dieses Kind eines Tages zum Apostel des Friedens und der Liebe werden.

Goldene Jugend

Der künftige Liebhaber der Armut war ein Reicher. Sein Vater Pietro Bernardone gehörte einem reichen Tuchhändlergeschlecht an, den Moriconi aus Lucca; von seiner Mutter, Donna Pica, wird berichtet, daß sie aus der Provence stamme. Spätere Überlieferungen haben die Geburt des auserwählten Kindes mit zahlreichen Wundern umgeben, und vor allem heißt es — ein Zug, der Franziskus offenbar völlig Christus angleichen soll —, er sei zwischen einem Ochsen und einem Esel in einem Stalle geboren. Dieser Stall ist angeblich später zur Kapelle San Francesco il Piccolo geworden; nicht weit davon erhebt sich die Chiesa Nuova, die im 17. Jahrhundert dort errichtet wurde, wo früher das Haus der Bernardone stand. Den Bollandisten zufolge lasse sich das Vorhandensein dieser beiden Kultstätten ohne Wunder und ohne Legende erklären; die erstere habe das Geburtshaus des Heiligen ersetzt, wo er auch die früheste Kindheit verbracht habe: So

Der Stall, in dem Franziskus geboren sein soll, heute Kapelle San Francesco il Piccolo

erkläre sich die Bezeichnung «San Francesco il Piccolo» («Der heilige Franz, der Kleine»); erst später sei dann die Familie Pietro Bernardones in eine luxuriösere Behausung gezogen.

Das Kindlein wurde zum Taufstein in der Kathedrale San Rufino getragen, die damals noch nicht das stolze und gediegene Aussehen besaß, wie wir es heute kennen; dort erhielt er den Namen Johannes. Wie erklärt es sich, daß Johannes später in Franziskus verwandelt wurde? Die Meinungen sind geteilt. Die einen behaupten, der Vater sei damals durch Frankreich gereist und habe aus Bewunderung

Chiesa Nuova, der Tradition nach dort erbaut, wo einst das Elternhaus des Heiligen stand

für dieses Land nach seiner Heimkehr den Vornamen ausgewechselt; andere vermuten, Franziskus habe in seinen Jünglingsjahren Sprache und Lebensart eines Franzosen derart vorzüglich beherrscht, daß ihn seine Freunde spontan so genannt hätten. Jedenfalls wird man sagen können, daß Franziskus den Namen, unter dem er unsterblich wurde, der Liebe zum Lande der Ritter und Troubadoure verdankt, dem Lande, das er sich später — der Ehre wegen, die man dort der heiligen Eucharistie erwies — als apostolisches Wirkungsfeld erwählen wollte.

Im Augenblick war es nicht die Frömmigkeit, die ihn hinriß, sondern die Poesie. Der gefühlvolle und feurige Jüngling hatte sich für die Heldengedichte und Ritterromane begeistert, die über die Alpen nach Italien kamen. Voller Entzücken hatte er den galanten Liedern gelauscht, welche die Troubadoure aus dem Languedoc und aus der Provence in Italien vortrugen; er hatte auch von den glänzenden Höfen in Florenz und in der Lombardei gehört, sie vielleicht sogar gesehen, wenn er seinen Vater auf Geschäftsreisen begleitete —, wo berückende große Herren und bezaubernde Damen unaufhörlich Feste veranstalteten, die ein Ohrenschmaus und eine Augenweide waren.

Baptisterium in San Rufino, dem Dom von Assisi.
Hier wurde Franziskus getauft

Auch er wollte diesen Meistern der fröhlichen Wissenschaft nacheifern, und leidenschaftlich, wie er alle Dinge anfaßte, träumte er nur noch davon, sie zu übertreffen. So scharte er die Jugend Assisis um sich: die eleganten jungen Leute, die den angesehensten Familien angehörten und die meiste Zeit mit Festgelagen und Umzügen verbrachten. Freilich war er kein Edelmann. Aber er gebot über zwei Werte, die noch mehr Gewicht haben als Adelstitel: Geld und ritterliches Benehmen. Kultiviert, liebenswürdig und gut gewachsen, verstand er es, sich Sympathien zu gewinnen. Da er sehr reich war, unterstützte er die unbegüterten Adligen und machte sie sich zu Schuldnern. Dieser Umstand erregte die Verwunderung vieler Biographen; denn Herr Pietro galt als sehr geizig, und die tolle Verschwendungssucht seines Sohnes muß ihm manche Sorge bereitet haben. Man darf jedoch nicht vergessen, daß der Triumph des jungen Mannes auch auf ihn zurückstrahlte. Für diesen Kaufmann bescheidener Herkunft, der sich wie die anderen prominenten Bürger seine Stellung durch Mühe und Schweiß erkaufen mußte, war es offenbar ein stolzes Gefühl, daß sein eigenes Kind den Gipfel des lokalen Ruhms erklommen hatte und die Söhne der vornehmsten Familien an Ansehen übertraf. Die ganze Stadt kannte ihn als den Vater des Troubadours, und es liegt nahe, daß diese Berühmtheit auch Kunden in seinen Laden führte.

So war das doppelte Ideal des Franziskus, Spielmann und Ritter zu werden, nur zur Hälfte erfüllt. Diese Hälfte war jedoch so vollkommen, daß er sich damit hätte begnügen und auf kriegerischen Ehrgeiz hätte verzichten können. Der Gang der Geschichte übernahm es indessen, solch eine träge Genügsamkeit zu beenden: das Reigenlied verwandelte sich in ein Heldenepos. Nach dem Tode des Kaisers Heinrich VI. war es in Deutschland zu einer zwiespältigen Königswahl gekommen; zwei Kandidaten waren gewählt und gekrönt worden: der Ghibelline Philipp von Schwaben, Sohn Barbarossas und Bruder des Verstorbenen, und der Welfe Otto von Braunschweig. Zur gleichen Zeit wählte das heilige Kollegium einen siebenunddreißigjährigen Papst, der entschlossen war, den Rechten der Kirche zum Siege zu verhelfen: Innozenz III. Italien feierte Freudenfeste. Die Einwohner Assisis machten sich die Abwesenheit des Herzogs von Spoleto, des Deutschen Konrad von Irslingen, zunutze, stürmten die Zwingburg über der Stadt, das Wahrzeichen seiner Macht, zerstörten die Mauern und überwältigten die Garnison. Die Schanze, die wir heute unter dem Namen «Rocca Maggiore» kennen, ist erst im 14. Jahrhundert durch Kardinal Albornoz auf den alten Fundamenten erbaut worden. Durch diesen kühnen Handstreich wurde sich das Bürgertum seiner Macht bewußt. Es bemächtigte sich auch der Stadtgewalt und erhob sich gegen die Adligen: die einen wurden niedergemacht, die anderen flohen nach Perugia; zu den letzteren gehörte der Senator Offreduccio, der Großvater der heiligen Klara und der heiligen Agnes. Man schaudert bei dem Gedanken, daß Franziskus und seine Gefährten diese auserwählte Familie hätten umbringen können ... Immerhin trugen sie keine Bedenken, ihr Palais in Assisi einzuäschern.

Doch schon mischte sich Perugia ein. Die Republik Assisi wollte von Forderungen jedoch nichts wissen, kam den Plänen des Feindes zuvor und suchte den Krieg in dessen eigenes Land zu tragen. Ihr Heer rückte bis zum Tiber vor; bei der Brücke San Giovanni kam es zum Gefecht. Die Bürgerwehr Assisis wurde vernichtend geschlagen; die Kriegsteilnehmer, die nicht den Tod fanden, sahen sich als Gefangene wieder. Unter ihnen befand sich Franziskus. Die ersten Abenteuer des angehenden Ritters nahmen einen etwas enttäuschenden Verlauf. Trotzdem blieb er guten Mutes; freilich wurde er infolge seiner reichen Ausrüstung und des Ansehens, das er bei seinen Kameraden genoß, wie ein Edelmann behandelt und im Herbst des folgenden Jahres entlassen.

Die Etappen der Bekehrung

Die Bekehrung ist eine tastende, sich lange hinziehende Erfahrung, die sich durch eine Folge von Berichtigungen und Wandlungen verwirklicht. Zweifellos kommt es vor, daß der Betrachter den Eindruck hat, es werde ein sofortiges und entscheidendes Ergebnis erzielt. In solch einem Falle vollzieht sich die Entwicklung der Gnade und die langsame Erleuchtung der Seele im Verborgenen, aber es handelt sich trotzdem um einen mühsamen und aufreibenden Vorgang. Auch Franziskus entging diesem Gesetz nicht. Die mehrfache göttliche Einwirkung, die zuletzt seine völlige Hingabe herbeiführte, war im übrigen so offenkundig, daß sie den ersten Biographen nicht entgangen ist. Von der unbewußten Hinwendung zu Christus bis zum vollen Bewußtwerden der Berufung läßt sich der geistige Weg des Heiligen in fünf Etappen gliedern, in denen seine innere Ausrichtung immer klarer, seine Vereinigung mit dem Erlöser immer inniger wurde.

Die erste Etappe war ganz negativer Natur. Sie bestand aus einem geistigen und körperlichen Ermattungszustand, der ihn lange Wochen niederwarf und ihm sodann die Freude an all den eitlen Dingen raubte, die ihm so teuer gewesen waren. Worin sein Übel bestand, läßt sich schwer sagen und ist auch unwesentlich. «Er wurde von langen Leiden heimgesucht», sagt Bonaventura, «durch die der Herr seine Seele vorbereitete, bis sie der Gnade des Heiligen Geistes entsprach.» Wir erfahren denn auch von Celano, daß ihn nach dieser schweren Krankheit «nichts entzücken konnte, was den Augen Freude bereitet».

So hatte es also ein Ende mit Gelagen und Festlichkeiten. Er mußte nunmehr seinem Leben einen edleren Inhalt geben. Der Krieg gegen Perugia war ein kurzes und unglückliches Zwischenspiel gewesen und hätte auch den Ehrgeiz des jungen Mannes in keinem Falle befriedigen können. Doch nun rüstete sich ein Edelmann Assisis, ein gewisser Gentile, um sich dem siegreichen Anführer des päpstlichen

Die Rocca Maggiore

Heeres, dem Grafen Walter von Brienne, in Apulien anzuschließen; Franziskus folgte ihm voller Begeisterung. Kaum war er aber in Spoleto angelangt, als ihm Gott zu verstehen gab, daß er ihm nicht zu diesem Zwecke die Gesundheit geschenkt habe. Er erkrankte und mußte das Bett hüten; und da er diese zweite Lektion genauso wenig zu begreifen schien wie die erste, erscholl eine Stimme in seiner Kammer und fragte ihn, wohin er sich zu begeben gedenke. Es folgte eine zweite Frage: «Wer kann dir am besten helfen, der Herr oder der Diener?» «Der Herr!» erwiderte Franziskus. «Weshalb», fuhr die Stimme fort, «verläßt du dann den Herrn dem Diener zuliebe?» Diesmal hatte der Jüngling verstanden. Der ihn auf sein Lager niederstreckte, war der Gleiche, der Saulus auf dem Wege nach Damaskus zu Boden warf, und wie Saulus fragte er voller Angst: «Herr, was willst du, daß ich tun soll?» Und der Herr antwortete: «Kehre zurück in deine Heimat; dort wird man dir sagen, was du tun sollst.» Franziskus hat seinen Gesprächspartner erkannt; so gehorcht er. Er kehrt heim nach Assisi und entsagt fortan der Ritterschaft.

Und nunmehr wartet er darauf, daß sich die Voraussage des Herrn erfüllt. Was wird seine Aufgabe sein? Und wer wird sie ihm mitteilen? Um sein Herz der Gnade zu öffnen und die göttliche Botschaft zu empfangen, flieht er die Welt und ihren Prunk, um sich der Pflege der Armen und dem Gebete zu widmen. Gott ermutigt ihn spürbar auf diesem Wege. «Franziskus», sagt er ihm eines Tages, «alle Dinge, die du mit deinen Sinnen geliebt und begehrt hast, mußt du jetzt hassen und mißachten, wenn du meinen Willen erkennen willst!» Und sogleich erhält er Gelegenheit, diesen heilsamen Rat zu befolgen. Er hat kaum Assisi verlassen, als ihm der grausigste Anblick zuteil wird, den er bisher erlebte: ein Aussätziger. Er steigt vom Pferde, bietet ihm ein Silberstück an, und als ihm der Kranke die zerfressene Hand entgegenstreckt, hält er sie fest und küßt sie. Da durchströmte ihn ein großes Glücksgefühl, und sein Verhältnis zu Gott wurde dadurch noch inniger. Er besuchte fortan getreulich die Aussätzigen und versenkte sich noch tiefer ins Gebet; lange Stunden verweilte er in einer Grotte, um dort sein vergangenes Leben zu beweinen, und war nicht wiederzuerkennen, als er sie wieder verließ.

Gott setzte endlich diesem ungewissen Leben ein Ende. Das große Ereignis fand in dem Kirchlein San Damiano statt, das etwa ein Kilometer unterhalb der Stadt liegt — ein bescheidener Bau zwischen den Ölbäumen. Franziskus betete dort inbrünstig vor dem großen byzantinischen Kruzifix: «Herr, ich bitte Dich, erleuchte mich und verscheuche die Finsternis meiner Seele!» Vom Kruzifix kam sanft und gütig die Antwort: «Geh hin, Franziskus, baue mein Haus auf, das am Einstürzen ist!» Durch diese genaue Weisung erleuchtet, eilte er zum väterlichen Laden (der Vater war nicht zugegen), lud einige Tuchrollen auf sein Pferd und galoppierte zum Markt in Foligno, wo er Stoff und Pferd verkaufte. Nach San Damiano zurückgekehrt, fand er dort den greisen Priester vor, der das Gotteshaus betreute; er bot ihm das Geld an, damit er es für den Wiederaufbau verwenden sollte; mißtrauisch wies es der Geistliche zurück. Franziskus legte darauf das Geld in eine Fensternische und bat den alten Pfarrer, ihm zu erlauben, daß er bei ihm wohnen dürfe. Das wurde ihm gestattet.

Mittlerweile war der Vater nach Assisi zurückgekehrt, und als man ihn von dem Vorgefallenen unterrichtete, geriet er in heftigen Zorn. Er rief Verwandte und Freunde zusammen und begab sich nach San Damiano, um den unwürdigen Sohn zu ergreifen; der aber hatte sich in eine Höhle geflüchtet, wo er sich betend, fastend und unter Tränen einen Monat lang aufhielt. Schließlich vertraute er auf Gottes Beistand und stellte sich seinen Verfolgern. Assisi empfing

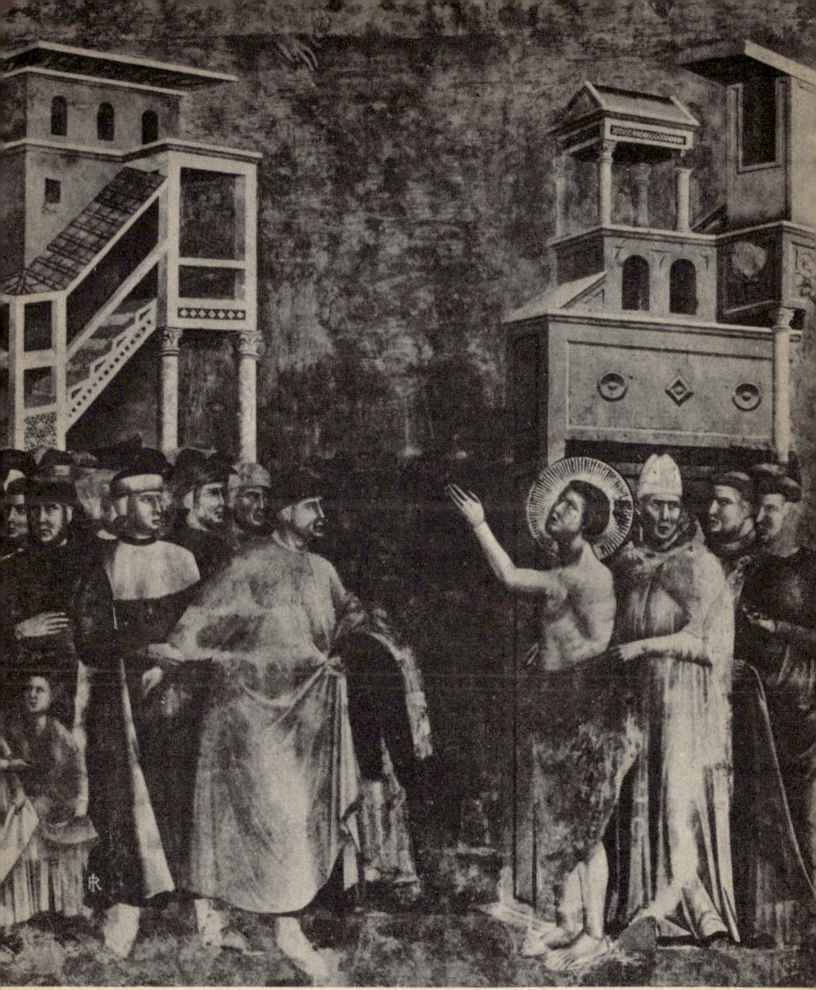

Franziskus legt das weltliche Gewand ab, der Bischof bedeckt ihn mit seinem Mantel. Fresko von Giotto, Assisi

seinen gestern noch so gefeierten Helden mit Steinen und Hohngeschrei; Pietro Bernardone sperrte ihn in ein Verlies und drang in ihn, daß er sein Vorhaben aufgeben sollte. Dann unternahm er eine Geschäftsreise, und die Mutter befreite ihren Franziskus, der nach San Damiano zurückkehrte. Als der Vater wieder nach Hause kam, erfolgte ein neuer Auftritt; diesmal wollte er ein Ende machen und reichte beim Stadtrat eine Klage ein. Franziskus erklärte auf dessen

Die Kapelle della Portiuncula in der Kirche Santa Maria degli Angeli

Vorladung, er stehe im Dienste Gottes. Darauf verwies man den Kläger an das bischöfliche Gericht, und der unbotmäßige Sohn erklärte sich bereit, vor diesem zu erscheinen. Als er aufgefordert wurde, das entwendete Geld zurückzugeben, antwortete Franziskus mit einer erhabenen Geste; er riß sich die Kleider vom Leibe und warf sie seinem Vater vor die Füße. Beredt durch seine Blöße, richtete er feierliche Worte an die Anwesenden:

«Höret mir alle zu und begreift! Bisher habe ich Pietro Bernardone meinen Vater genannt! Jetzt aber kann ich sagen: Vater unser, der Du bist im Himmel!» Und zum Zeichen, daß er ihn in seine Obhut nahm, bedeckte ihn der Bischof mit seinem Mantel.

Diese neue Etappe trennte Franziskus von der Welt und weihte ihn dem Dienste der Kirche; fortan war er frei, sich der Aufgabe zu wid-

men, zu der ihn Christus selber berufen hatte. Er kehrte nach San Damiano zurück und begann, nachdem er ein Eremitengewand angezogen hatte, freudig das Kirchlein wiederherzustellen, sammelte Material und Nahrungsmittel und fand sogar, trotz aller Spottreden, Gefährten, die ihn in seiner Arbeit unterstützten. Als San Damiano fertiggestellt war und er keine weitere Weisung von Christus empfing, restaurierte Franziskus die Kirche San Pietro; dann ging er daran, die Mauern von Santa Maria degli Angeli auszubessern, einer verlassenen Kapelle, die eine Meile vor der Stadt lag, und die man wegen ihrer winzigen Ausmaße «die Portiuncula» nannte. Da ihn die Einsamkeit des Ortes anzog, ließ er sich dort nieder. Und dort, in dem bescheidenen Gotteshause, vernahm er am 24. Februar 1209, am Feste des heiligen Matthias, den Ruf, der seine Bekehrung vollendete und ihm die Augen über den Sinn der Worte eröffnete, die er zwei Jahre zuvor in San Damiano gehört hatte. Auf dem ganz neuen Altar zelebrierte der alte Priester, und der Einsiedler ministrierte. Das Tagesevangelium enthielt die Worte, die Christus sprach, als er die Apostel zur Verkündigung des Evangeliums aussandte: «So geht denn hin und verkündet: Das Himmelreich ist nahe! ... Erwerbet kein Gold und kein Silber, keine Münze für eure Gürtel; nehmt kein Felleisen mit auf den Weg, nicht zwei Röcke, keine Sandalen, keinen Stecken, denn der Arbeiter ist seines Lohnes wert ...» Franziskus war hingerissen. «Das will ich tun!» rief er aus. Und sobald er im Freien war, warf er Schuhe und Stock fort, ersetzte seinen Gürtel durch einen Strick, das Einsiedlergewand durch eine wollene Kutte, wie sie die Schäfer damals zu tragen pflegten. Der Herr verlangte nun nicht von ihm die Wiederherstellung eines steinernen Gotteshauses, sondern des – durch Haß, Laster und Gleichgültigkeit entstellten – Leibes Christi. Arm und glühend vor Eifer wie die Apostel schickte er sich an, ihrem Beispiel zu folgen und von Jesus Christus Zeugnis abzulegen.

Von diesem Tage an erlebten die Einwohner Assisis, wie Franziskus nicht mehr Steine von ihnen verlangte, sondern Buße und Frieden predigte. Die Lacher nahmen ab, man hörte ihm zu und zog Nutzen aus seinen Ermahnungen. Bald verkaufte ein anderer reicher Kaufmann, Bernhard von Quintavalle, alle seine Habe, schenkte den Erlös in aller Öffentlichkeit den Armen und teilte das Leben des Predigers. Noch in der gleichen Woche schlossen sich ihnen an: der Jurist Petrus Cathanii (ein Rechtsgelehrter und Domherr in Assisi, der zukünftige Stellvertreter des heiligen Franziskus in der Leitung des Ordens), sowie ein junger Bauer namens Ägidius, der später durch seine Weisheit berühmt werden sollte. Franziskus entschloß sich, große Missionsfahrten zu unternehmen, zu denen sie jeweils zu zweit aufbrachen. Franziskus und Ägidius verkündeten das Evangelium in der Mark Ancona. Als sie zur Portiuncula zurückkehrten, fanden sie dort drei Postulanten vor. Von nun ab teilten sie ihre Zeit in zwei gleiche Hälften: eine Periode des gemeinsamen und kontemplativen Lebens im Wäldchen von Portiuncula und eine Periode der Wortverkündung, die sie durch Mittelitalien führte. Vier weitere Brüder gesellten sich noch hinzu, und Franziskus brachte aus Rieti Angelus Tancredi, einen echten Ritter, mit, einen liebenswürdigen und freundlichen Gefährten. Da nun die Wohnstätte der Portiuncula zu klein wurde, ließen sie sich später für einige Zeit bei einem Schuppen nieder, der an einer Flußbiegung lag und deshalb den Namen Rivo Torto hatte.

Um sich ihr Brot zu verdienen, arbeiteten die Brüder anfangs in Bauernhöfen oder Bürgerhäusern, nahmen aber nur Naturalien als Lohn an; falls diese nicht ausreichten, bettelten sie und pflegten überdies die Aussätzigen in den Siechenhäusern. Franziskus war nicht nur der Leiter dieser Gemeinschaft, der die Aufgaben verteilte und über Neuerungen entschied, sondern auch Vater und Mutter. Da er in den Jahren seines einsamen Lebens eine reichere innere Erfahrung ange-

Das Mönchsgewand des hl. Franziskus ähnelt . . .

sammelt hatte, bildete er seine Gefährten im Gebet aus und machte sie mit den Forderungen eines Ordenslebens vertraut. Von großer Liebe zu ihnen erfüllt, wachte er darüber, daß sie durch nichts den Mut verloren. In den Ordensregeln und den Ermahnungen, die der Heilige niederschrieb, findet man rührende Zeugnisse einer solchen Fürsorge. Diese Lebensweise war gewiß lobenswert und wurde auch vom Bischof von Assisi gefördert; sie hatte jedoch noch nicht die Billigung des Papstes erhalten. Franziskus gedachte diese Lücke auszufüllen. Aller Wahrscheinlichkeit nach machte er sich mit seinen Brüdern im Frühjahr 1210 auf den Weg; ihre Wanderung stand im Zeichen der Freude und des Gebets. In Rom traf er den Bischof von Assisi an, der ihn seinem Freunde, dem Kardinal Johannes von Sankt Paul anempfahl; durch diesen erhielt er eine Audienz beim Papste. Innozenz III. empfing ihn freundlich, machte indessen erhebliche Vorbehalte und entließ ihn, ohne eine Entscheidung zu treffen. In der folgenden Nacht aber hatte der Papst einen Traum: die Laterankirche, die Kathedrale Roms, schwankte auf ihren Fundamenten und drohte einzustürzen, als ein unscheinbares Männchen hinzutrat, sich straffte und den Bau wieder aufrichtete; nachdem die erste Erregung vorüber war, erkannte der Papst das Männchen: es war Franziskus von Assisi. In der folgenden Audienz gab er denn auch seine Zustimmung zu der Ordensregel, die der Obere der «Büßer» niedergelegt hatte; er küßte ihn, segnete alle Brüder und trug ihnen auf, durch ihre Bußpredigt für die Bekehrung der Menschen zu Gott zu wirken. Der Papst ließ ihnen noch die kirchliche Tonsur erteilen, wodurch ihre amtliche Anerkennung durch die Kirche bestätigt wurde. Die Büßergemeinschaft von Assisi war nunmehr zu einem kirchlichen Orden geworden. Nach diesem Siege kehrte die fromme Brüderschaft frohgemut nach Rivo Torto zurück. Nur für kurze Zeit; denn in dem alten Gemäuer, das ihnen als Wohnung diente, stellte eines schönen Tages ein Bauer seinen Esel unter. Um Streitereien aus dem Wege zu gehen, überließen die Brüder ihre Behausung dem Tiere und siedelten

... der Kleidung, welche die Schäfer damals trugen

wieder nach Santa Maria degli Angeli über, das nun zum endgültigen Ordenssitz wird. Alsbald strömten neue Jünger herbei, und in jener Zeit wurden die bekanntesten Brüder aufgenommen: Leo, der Beichtvater und Vertraute des Franziskus; Rufinus, der zusammen mit Angelus und Leo zu den «drei Gefährten» gehörte, die später auf die Aufforderung des Generalministers Crescentius von Jesi hin Erinnerungen über den heiligen Franziskus niederschrieben; Wacholder (oder Juniper), der sich durch seine Treuherzigkeit auszeichnete, und von dem Franziskus zu sagen pflegte, er wünsche sich noch mehrere seines Schlages, der gleiche, dem die heilige Klara den Beinamen «der Spielmann Gottes» gegeben hatte; Massäus, ein demütiger und gesprächiger Riese, der den Poverello auf seinen Predigerreisen begleitete: Sie alle waren einfache Menschen und schlichte Beter, erfüllt von jener Heiterkeit und brüderlichen Liebe, wie sie der himmlische Vater bei seinen Söhnen schätzt. Die *Dreibrüderlegende*, die *Legenda Antiqua*, die *Fioretti*, der *Speculum Perfectionis* enthalten eine Fülle köstlicher Geschichten und zauberhafter Dichtungen über diese ersten Minderbrüder, die gleichsam den seraphischen Strahlenkranz ihres Gründers bildeten.

Der Zweite und der Dritte Orden

So strömten viele Menschen, Laien und Kleriker, herbei, die Franziskus baten, sein Leben teilen und seiner Ordensregel gehorchen zu dürfen. Es waren indessen nicht nur Unbeweibte, die bei ihm in die Lehre gehen wollten; der Ruf der Gemeinschaft von Assisi, das evangelische Bild, das sie bot, die Predigten der Brüder in ganz Italien verbreiteten überall den franziskanischen Geist und zogen auch junge Mädchen und Verheiratete an. Für die einen gründete Franziskus den Zweiten Orden der «Armen Frauen»; die anderen fanden sich in der Gemeinschaft des Dritten Ordens zusammen, des Ordens der Buße für die Weltleute.

Zur Mutter aller «Armen Frauen» wurde ein Kind Assisis von Gott berufen, eine Base des Bruders Rufinus, Klara Offreduccio. Sie war zwölf Jahre jünger als Franziskus und in einer aristokratischen Familie aufgewachsen, in der sie eine äußerst sorgsame und fromme Erziehung erhalten hatte – ein Werk ihrer Mutter Ortolana. Schon in früher Jugend hatte sie den Entschluß gefaßt, sich Gott zu weihen, und als sie Franziskus in den Kirchen Assisis predigen hörte, empfand sie für ihn eine Bewunderung, die ihr Verlangen nach dem vollkommenen Leben noch steigerte. Sie suchte ihn daher insgeheim auf

Papst Innozenz III. träumt, daß Franziskus das wankende Gebäude der Kirche stützt. Gemälde von Benozzo Gozzoli. Montefalco, Kirche San Francesco

und schüttete ihm ihr Herz aus: ihre Familie wolle sie trotz ihres Widerstrebens zu einer günstigen Heirat zwingen, aber nur Christus solle ihr Bräutigam sein. Franziskus, der sich darüber im klaren war, was der Widerstand gegen illegitime Anmaßungen der Welt erforderte, kam mit ihr überein, eine gewaltsame Lösung zu wählen. In einer Frühjahrsnacht des Jahres 1212 floh Klara gemeinsam mit ihrer Freundin Pacifica di Guelfuccio und fand sich bei den Minderbrüdern in Portiuncula ein. Franziskus schnitt ihr feierlich die Haare ab und kleidete sie in die Bußgewänder aus grobem Tuch; die Neuaufgenommene versprach, das Bußleben zu führen, und gelobte Franziskus Gehorsam. Als die Offreduccio die Flucht entdeckt hatten, machten sie sich auf die Suche nach dem jungen Mädchen und entdeckten bald sein Versteck; als sie jedoch Gewalt anwenden wollten, zeigte ihnen Klara hinter dem Klostergitter ihren geschorenen Kopf. Überzeugt, daß die Bindung des Mädchens unwiderruflich sei, ließen sie von ihr ab.

Die Dinge nahmen einen anderen Verlauf, als Agnes, Klaras soeben fünfzehn gewordene jüngere Schwester, die bereits verlobt war, das Abenteuer wiederholte. Um die Nachforschungen zu erschweren, hatte Franziskus erreicht, daß die Abtei Sant' Angelo di Panzo, die ebenfalls nicht weit von Assisi entfernt war, den Armen Frauen Gastfreundschaft gewährte. Dieser Ortswechsel entging jedoch nicht den Offreduccio, die an der Spitze ihrer Kriegsleute in das Kloster eindrangen. Sie ergriffen die junge Agnes, die noch nicht geschoren worden war, und zerrten sie trotz ihres verzweifelten Widerstandes an den Haaren ins Freie. Klara flehte darauf den Himmel um Beistand an, und ihr Gebet wurde vom Herrn erhört. Agnes wurde auf einmal so schwer, daß es den Schergen nicht gelang, sie auch nur einen Daumenbreit von der Stelle zu bewegen. Da sie einsahen, daß Gott selber gegen sie stritt, zogen sie sich zurück und ließen es geschehen, daß das beherzte Kind zu seiner Gefährtin zurückkehrte.

Den Nonnen fehlte jetzt nur noch eine Ordensregel und ein Kloster, um jenes Leben der völligen Armut zu führen, zu dem sie sich nach dem Vorbilde des Bruders Franziskus entschlossen hatten. Was das Kloster anging, so halfen ihnen die Benediktiner abermals aus der Verlegenheit, indem sie dem Gründer San Damiano übergaben: dieses Kirchlein, in dem er von Christus mit seiner Aufgabe betraut worden war, und das er selber so liebevoll wiederhergestellt hatte. So wurden Santa Maria degli Angeli und San Damiano, diese auf Geheiß des Herrn neu aufgebauten Gotteshäuser, zur Wiege zweier großer Orden. Die Errichtung der beiden sichtbaren Kirchen war jetzt sogar mehr als ein Symbol, da sie nunmehr liebeglühenden Herzen ein Obdach boten, die sich anschickten, die Maße der unsichtbaren Kirche zu erweitern. Auch eine Lebensform, die derjenigen für die

Die heilige Klara (Ausschnitt).
Von Simone Martini, Assisi

Minderbrüder entsprach, wurde von Franziskus verfaßt; vor allem betonte er darin die heilige Armut. Diese Satzung blieb auch dann maßgebend, als Klara zunächst die Benediktinerregel annehmen mußte und den Titel einer Äbtissin von San Damiano erhielt, womit dieses Kloster der Armen Frauen seine Selbständigkeit erlangte.

Wie der Erste Orden erlebte sodann auch der Zweite ein ständiges Wachstum; noch zu Klaras Lebzeiten war er in ganz Europa verbreitet. Beatrice, ihre jüngste Schwester, und ihre verwitwete Mutter unterstellten sich ihrem Hirtenstab. Sieben Jahre nach jener dramatischen Flucht übernahm Agnes die Leitung des neuen Klosters in Monticelli. Zuweilen baten auch schon bestehende Klöster den heiligen Franz um die Regel der Armen Frauen, so das Kloster in Mareria, dessen Äbtissin, die (1236 verstorbene) selige Philippa, vor dem Tode der heiligen Klara öffentliche Verehrung genoß. Die Fürstinnen Mitteleuropas finden in den Klöstern des Zweiten Ordens die Zuflucht, die sie ersehnen; schon 1233 gründet die selige Agnes von Prag, Tochter des Königs von Böhmen und Verlobte des Kaisers Friedrich II., mit fünf Schwestern aus San Damiano ein Kloster, dessen Äbtissin sie wird. Sieben Jahre später wird die selige Salome, Gemahlin des Königs von Galicien, Arme Frau; dann folgt die selige Kunigunde, die Gattin Boleslaus' V., des Königs von Polen, als Äbtissin von Sandek; Yolande, gleichfalls eine polnische Fürstin, wird Äbtissin von Gnesen. Als die heilige Klara, erschöpft durch die Bußübungen und die ständigen Kämpfe, die sie ausfechten muß, um das Privileg der unbedingten Armut zu bewahren, im Jahre 1253 stirbt, weilen die treuesten Franziskaner an ihrem Lager, um ihr beizustehen: Leo, Angelus und Juniper; erblickten sie doch in ihr die vollkommene Jüngerin des Meisters, die ihm in den vierzig Jahren ihres Lebens Tausende vom Evangelium Christi begeisterter Klosterfrauen zugeführt hatte.

Der Dritte Orden, der für die Laien bestimmt war, entstand zehn Jahre später als der Orden der Armen Frauen. Man nimmt allgemein an, daß die kirchlich gültige Errichtung der ersten Brüderschaft im Frühjahr 1221 stattfand. Englebert stellt jedoch zutreffend fest, daß der *Brief an alle Gläubigen*, den Franziskus nach seiner (allerdings nicht zu beweisenden) Annahme um das Jahr 1214 schrieb, bereits eine Art Skizze der späteren Regel des Dritten Ordens darstelle, und daß der Heilige auch schon weit früher Laien nach Art der späteren Tertiaren in seine Ordensgemeinschaft aufnahm: vor allem gehörte zu ihnen Orlando von Chiusi, der ihm die Einsiedelei auf dem Monte Alverna schenkte, und Jakoba von Settesoli, die vertraute Freundin, die er seinen «Bruder Jakoba» zu nennen pflegte.

Der erste Tertiar, dem Franziskus das Bußgewand verlieh, war nach der Legende ein Kaufmann aus Poggibonsi in Toscana namens Luchesius, der in den seraphischen Ordenszweigen als Seliger verehrt wird; besser spricht man sogar von dem ersten Tertiarenpaar, denn Buona Donna, seine «gute Frau», deren Namen selbst die Legende vergaß, soll derselben Gnade teilhaftig geworden sein. Als-

Der kleine Chor der hl. Klara, 12. Jahrhundert.
Kloster San Damiano, Assisi

bald bildeten sich um solche Menschen wie um einen Kern lebendige Büßergemeinschaften. Sie sind zuerst im Jahre 1221 nachweisbar. In diesem Jahre nimmt der Papst sie in kirchlichen Schutz. Ihre ursprüngliche Regel ist nicht erhalten; wir besitzen jedoch Texte, die einige Jahre später entstanden sind und in die sehr wahrscheinlich der ursprüngliche Text hineinverwoben ist. Das Leben der «Brüder» wird darin durch ein Netz von Verpflichtungen geordnet, die sie zu

Straße in Fiesole bei Florenz

einer gewissenhafteren Befolgung des Evangeliums anhalten sollen: nicht nur in ihrem Privatleben, sondern auch in ihren sozialen Beziehungen. Neben Gebets- und Bußübungen finden sich die Fürsorge für Arme und Kranke, die Entrichtung von Beiträgen und der Verzicht auf Waffentragen. Die Zahl der Laien, die sich dieser Regel unterwarfen, nahm ebenfalls schnell zu, und die allgemeine Begeisterung für solche Ideale hatte erheblichen Einfluß auf die Sitten und sogar die politische Physiognomie der italienischen Städte. Tatsächlich führte die Weigerung der Brüder, Gewalt anzuwenden, häufig dazu, daß bei Streitigkeiten innerhalb der Gemeinden friedliche Lösungen angestrebt wurden.

Die Ausbreitung des Ordens

Gleichzeitig mit der Entwicklung des Ordens der Armen Frauen vollzog sich der Aufstieg des Ordens der Minderbrüder in beschleunigtem Rhythmus. Von 1212 bis 1219 durchpflügen die Söhne des heiligen Franziskus Italien, sodann Europa, und verkünden überall das Evangelium. Die Predigten tragen ihnen zahlreiche Neuaufnahmen ein, und diese Ausdehnung der ursprünglichen Brüderschaft macht schließlich einen Strukturwandel erforderlich.

Franziskus selber unternahm immer mehr apostolische Reisen trotz seines starken Bedürfnisses nach Einsamkeit. Freilich entschloß er sich hierzu nicht ohne innere Kämpfe. Das Einsiedlerleben, das er während der Wiederherstellung von San Damiano geführt hatte, und dem sich jetzt fromme Brüder wie Silvester, Rufinus oder Guido von Cortona widmeten, erschien ihm weit richtiger. Um zu einer endgültigen Entscheidung zu kommen, bedurfte er des Rates zweier Beter: der Schwester Klara und des Bruders Silvester. Ihr Urteil war einhellig: Franziskus solle zur Eroberung der Seelen aufbrechen. So fügte er sich; und da er sich allem, was er unternahm, ganz hingab, kannte seine Tätigkeit in diesen Jahren keine Grenzen. In allen Winkeln Mittelitaliens ist er zu finden: in Umbrien und in der Toscana, in der Romagna und in der Mark Ancona. Sein Ruf war so fest begründet, daß er ihm überall voranzog. Sobald er sich einem Orte näherte, läuteten die Kirchenglocken; Klerus und Gläubige zogen ihm in einer Prozession entgegen, und das Volk schrie in freudiger Begeisterung: «Ecco il Santo!» Da kommt der Heilige!

Ende 1215 rief Innozenz III. die Bischöfe und Fürsten der ganzen Christenheit zu einem großen Konzil im Lateran zusammen, das dazu dienen sollte, die Kirche von ihren Übeln zu befreien. Wenn auch Franziskus daran teilnahm — was immerhin möglich gewesen ist —, hätte er dabei schon jenen Mann kennengelernt, der ihm an Heiligkeit und reformatorischer Leistung nicht nachstand, den Domherrn von Osma, Dominikus, der soeben den zur Bekämpfung der ketzerischen Lehren bestimmten Orden der Predigerbrüder zu gründen begonnen hatte. Zur Erfüllung dieser Aufgabe verlangte er von den Predigern eine gründliche theologische Ausbildung und zugleich eine strenge asketische Lebensführung. Die beiden Gründer waren später einander in herzlicher und frommer Zuneigung verbunden, und die Chronisten behaupten, Dominikus habe die Verschmelzung beider Orden gewünscht. Er erbat sich überdies vom heiligen Franziskus dessen Strick, den ihm dieser demütige Mann nur mit Bedenken überließ. Dominikus gürtete sich damit voller Ehrfurcht unter dem Unterhabit.

Auf diesem ökumenischen Konzil veranlaßten die versammelten Bischöfe den Papst zu der Bestimmung, daß keine neue Ordensregel mehr bestätigt werden dürfe; jeder neue Orden müsse von nun ab eine bereits bestehende Regel annehmen: entweder die auf den heiligen Augustinus oder die auf den heiligen Benedikt zurückgehende. Von dieser Maßnahme wurden die Minderbrüder ausgenommen, da ihre Lebensweise ja schon einige Jahre zuvor ausdrücklich vom Papst bestätigt wurde. Der heilige Dominikus war dagegen gezwungen, die Regel des heiligen Augustinus seinem Ordensleben zugrunde zu legen.

Da der Orden immer größer wurde, unterhielten die Brüder nicht mehr in genügendem Maße regelmäßige Beziehungen untereinander. Franziskus wollte dem dadurch abhelfen, daß er sie alljährlich zu «Kapiteln» zusammenrief. Es waren das Vollversammlungen, die in Portiuncula abgehalten wurden, und zu denen die Ordensangehörigen von überall her zusammenkamen, um sich kennenzulernen und gemeinsame Entschließungen über den Orden zu fassen. Die Kapitel fanden zunächst zweimal im Jahre statt: zu Pfingsten und am Michaelstag; da sich daraus eine zu beträchtliche Störung ergab, wurde

Die Begegnung zwischen dem hl. Franziskus und dem hl. Dominikus. Von Benozzo Gozzoli. Montefalco, Museo di San Francesco

nach einer Weile die Zusammenkunft am Michaelstag abgeschafft. Das erste große Kapitel, das einen Einfluß auf die Zukunft des Ordens ausübte, wurde im Jahre 1217 gehalten. Man beschloß, das franziskanische Missionsgebiet in «Provinzen» einzuteilen und an die Spitze einer jeden einen «Provinzialminister» zu stellen; die Bezeichnung «Minister» (Diener) statt «Meister» wurde gewählt, um deutlich zu machen, in welchem Geiste der Obere die anderen Ordensleute in seine Obhut nehmen sollte. Eine weitere wichtige Entscheidung betraf die Organisation des Ordens außerhalb Italiens; nach einem Beschluß über diese Frage ging man auseinander. Franziskus selber hatte sich Frankreich als Tätigkeitsfeld ausgesucht, aber Kardinal Hugolin, den er auf der Reise dorthin kennenlernte, überzeugte ihn, daß er auf die Betreuung und den Schutz der ihm von Gott anvertrauten Brüder zu achten habe und deshalb in Italien bleiben müsse, und so ging Bruder Pacificus (der frühere «Dichterkönig», der einer Überlieferung zufolge von Friedrich II. gekrönt worden war) nach Paris, wo er das erste Minoritenkloster gründete. Die Verpflanzung glückte nicht überall; oft erwies es sich als hinderlich, daß die ins Ausland entsandten Brüder die Landessprache nicht beherrschten. Die Mitglieder einer in Deutschland umherreisenden Mission, die alle Fragen unterschiedslos mit «ja» beantworteten, wurden daher irrtümlich als Ketzer angesehen und entsprechend behandelt; zu ähnlichen Vorfällen kam es in Ungarn.

Am meisten lockte Franziskus indessen das Morgenland, vor allem, weil er davon träumte, er könne die Ungläubigen bekehren und auf solch einer Expedition den Märtyrertod sterben; überdies hoffte er, dort Andenken an das Leben und die Passion Jesu Christi zu finden. Als er daher den Entschluß faßte, das Heilige Land aufzusuchen, ließ er sich durch keinen gegenteiligen Rat davon abbringen. Zweimal scheiterte das Unternehmen. Das erste Mal schiffte er sich zusammen mit einem Bruder nach Syrien ein, aber das Schiff strandete im Sturm an der dalmatinischen Küste, und darauf mußten die beiden Brüder als blinde Passagiere nach Ancona zurückkehren. Da die Jahreszeit inzwischen fortgeschritten war, verschob der Heilige die Ausführung seines Planes auf einen späteren Zeitpunkt. Der zweite Versuch fand wahrscheinlich im Jahre 1214 statt. Diesmal wählte sich Franziskus Marokko als Reiseziel, da er die Absicht hatte, den Sultan zu bekehren; als er jedoch in Spanien angelangt war, erkrankte er und mußte unter großen Mühen nach Portiuncula heimreisen.

Um die Ausführung der großen Vorhaben zu überwachen, die das Kapitel des Jahres 1217 beschlossen hatte, hielt sich der Pater seraphicus bis 1219 in Assisi und Umgebung auf. In jenem Jahre lag ihm daran, sich auf das Osterfest in größter Einsamkeit vorzubereiten. Damit der Eifer des frommen Volkes ihn nicht während des Fastens störe, versteckte er sich auf einer unbewohnten Insel des Trasimenischen Sees. Man erzählt, er habe während der vierzig Tage nichts zu sich genommen, schließlich aber, um nicht einen Vergleich mit Christus herauszufordern, die Hälfte eines kleinen Brotlaibs verzehrt. Sodann trat das Kapitel des Jahres 1219 zusammen, zu dem offenbar mehr Brüder zusammenströmten als je zuvor, und das sich genötigt sah, neue Ordensprovinzen zu den alten hinzuzufügen. Vor allem aber wurde beschlossen, daß der Orden nunmehr auch in die heidnischen Länder ausschwärmen und den Mohren das Evangelium verkünden sollte. Franziskus erklärte, er werde sich nach Abschluß des Kapitels als allererster einschiffen und sich nach Ägypten begeben. Ägidius wählte Tunis, wo er ausgewiesen wurde, und der Bruder Berard brach mit seinen Gefährten nach Marokko auf, wo sie es durch bewußte Unvorsichtigkeiten dahin brachten, daß sie den Märtyrertod erlitten.

Da nunmehr das Generalkapitel die Missionierung der Ungläubigen verfügt hatte, war Franziskus durch nichts mehr zurückzuhalten. Er ließ zwei Brüder, Matthäus von Narni und Gregor von Neapel, in Italien zurück, damit sie den Orden als Generalvikare verwalteten, und schloß sich bereits am 24. Juni mit mehreren Brüdern, zu denen Petrus Cathanii und Illuminatus gehörten, den Kreuzfahrern an, deren Flotte von Ancona aus in See stach. Einen Monat später ging er in Akka an Land, wo ihn Elias von Cortona erwartete, der Minister der Ordensprovinz Syrien, der schon im Jahre zuvor aufgebrochen war. Die Brüder stießen zu dem Heer, das Damiette belagerte, und wurden Zeugen des furchtbaren Angriffs, der für die Kreuzfahrer so verhängnisvoll ausging. Sie stellten fest, daß auch die christlichen Ritter eine Bekehrung nötig hatten; daher begannen sie im Lager zu predigen und nahmen zahlreiche Novizen auf. Währenddessen meldete sich Franziskus, der nur von Illuminatus begleitet wurde, bei den feindlichen Vorposten; sie wurden zu Melek el-Kamel, dem Sultan von Ägypten, geführt, und lernten in ihm einen Herrscher kennen, der sich weit toleranter zeigte als der Sultan von Marokko, ihnen wohlwollend zuhörte und sogar erlaubte, daß sie einige Tage bleiben und das Evangelium verkünden durften. Verlorene Mühe! Die beiden Prediger bewirkten nicht eine einzige Bekehrung!

Schließlich eroberten die Kreuzfahrer Damiette. Das Gemetzel und die Plünderungen waren derart, daß Franziskus davon angewidert wurde; er kehrte nach Akka zurück, wo er die Nachricht vom Martyrium der Brüder in Marokko erhielt. Er kam nunmehr zu dem Schluß, daß sich mit Predigen nichts ausrichten ließ, und gab sich ganz der Kontemplation hin. Mehrere Monate lang besuchte er eingehend die heiligen Stätten und versenkte sich in seine überströmende Liebe zum Christus der Krippe und von Golgatha. Zweifellos sah er für diese glückseligen Tage kein bestimmtes Ende voraus, aber als er eines Tages mit seinem geliebten Petrus Cathanii in seiner Einsamkeit bei Tische saß, traf überraschend ein völlig verstörter Bruder bei ihm ein, der insgeheim Italien verlassen hatte und übers Meer gefahren war, um ihn aufzusuchen: ein richtiges Erdbeben erschütterte den Orden. Die Generalvikare hatten Neuerungen im Sinne des alten Mönchtums eingeführt, die sich mit dem franziskanischen Geiste nicht vereinbaren ließen und darum manche Brüder in ihrem Gewis-

Der hl. Franziskus besteht vor dem Sultan die Feuerprobe.
Fresko von Giotto, Assisi

sen beunruhigten. Sehr in Sorge brach Franziskus eilig auf und nahm Petrus Cathanii, Elias von Cortona und Cäsar von Speyer, einen im Heiligen Lande bekehrten neuen Bruder, mit sich.

Die Wandlung des Ordens

Die Gefahr war in der Tat groß, und es ist einigermaßen verwunderlich, daß der Gründer der Minoriten sie nicht hatte kommen sehen. In dieser Hinsicht haben die Geschichtsschreiber mit Recht darauf hingewiesen, wie unheilvoll sich bei einem religiösen Genie vom

Formate des heiligen Franziskus das Fehlen des Organisationstalents und, wie man hinzufügen muß, überhaupt des praktischen Verstands auswirkte. Er vermochte nicht für die Verwaltung einer so umfassenden Gemeinschaft Vorsorge zu treffen, überdies irrte er sich auch häufig in den Menschen und vertraute das Schicksal von Provinzen oder sogar des ganzen Ordens Brüdern an, deren kirchenpolitische Zielsetzung über die ursprünglichen Anliegen des heiligen Franziskus hinausgingen. Er selber hat sein eigenes Unvermögen klar erkannt und versuchte dadurch Abhilfe zu schaffen, daß er noch bei seinen Lebzeiten die Oberleitung des Ordens Männern überließ, die gewandter waren als er selber; es stellte sich jedoch heraus, daß die organisatorischen Fähigkeiten dieser Männer nicht durch die übernatürlichen Gaben des heiligen Franziskus ergänzt wurden. Daher ergab sich in der Leitung des Ordens eine gewisse Zwiespältigkeit: manche Brüder regierten mehr nach praktischen Gesichtspunkten, denen sie das religiöse Anliegen des heiligen Franziskus ein- und unterordneten, während Franziskus das religiöse Anliegen vertrat, ohne auf die praktischen Notwendigkeiten des immer größer werdenden Ordens Rücksicht zu nehmen. Dabei gelang es ihm nicht, die Anliegen der anderen zu verstehen. Die so entstehende Zweigleisigkeit rief in der Brüdergemeinschaft widerspruchsvolle innere Strömungen hervor, die allerdings erst lange nach dem Tode des heiligen Franziskus in voller Gegensätzlichkeit zum Ausbruch kamen und dann von vielen, wenn auch in guter Absicht, in die Lebzeiten des Gründers zurückprojiziert wurden. Viele von ihnen beriefen sich auf das reine Wollen des heiligen Franziskus und verurteilten die Minister, andere gehorchten der Autorität der Minister und der Kirche, ohne aber grundsätzlich dem Wollen des Heiligen untreu zu werden, der ja — im Gegensatz zu manchen Ketzern — sich und sein Wollen ganz der Kirche unterstellt hatte. Trotzdem blieb die zwiespältige Situation, die auch durch eine sehr hochstehende, aber allzu unbestimmte Regel nicht gebessert wurde, und die mit Krisen und Ruhepausen mehrere Jahrhunderte lang fortbestanden hat.

Wie war es dazu gekommen? Alles hatte, wie wir schon feststellten, mit zahlreichen Neuaufnahmen seinen Anfang genommen. Doch der seraphische Geist wurde nicht so sehr durch die komplizierte Organisation wie durch das Aufkommen einer neuen Gesinnung bedroht. Auch die große Anzahl der Brüder als solche war kein Hindernis für die evangelische Lauterkeit der franziskanischen Gemeinschaft; hemmend wirkte das Hinzukommen von Brüdern, deren geistige Ausrichtung vernachlässigt oder schon fertig abgeschlossen war. Tausende stießen innerhalb weniger Jahre zu Franziskus und seinen Jüngern. Es ist anzunehmen, daß sich viele aus tiefster Überzeugung aufnehmen ließen, doch waren bei der Zulassung keine Probejahre vorgesehen, in denen die Bewerber die Übereinstimmung des Ordens mit ihren Wünschen und die Oberen die Übereinstimmung der Bewerber mit den Erfordernissen des Ordens ernstlich hätten prüfen können. Erst 1220 wurde ein Novizenjahr eingeführt.

Wie oft geschah es, daß junge Menschen, in einer begeisterten Aufwallung, die durch eine eindrucksvolle Predigt hervorgerufen war, das feierliche Versprechen zu einem franziskanischen Leben ablegten und sich hernach doch irregeführt und enttäuscht vorkamen! Dann wurden die Schwachen leicht zu mittelmäßigen oder widerspenstigen Ordensbrüdern, die Schelme zu Heuchlern, während die Verwegensten mit Ansprüchen hervortraten. Weshalb hatte man ihnen die Bürde eines vollkommenen Lebens auferlegt? Mit der Regel des Bruders Franziskus ließ sich nicht leben! Die Unglücklichen übersahen, daß das Ordensleben nicht besagen kann, die Regel den Launen des Einzelnen anzupassen, sondern die menschlichen Launen der Regel unterzuordnen.

Ein anderer Geist kam auch dadurch auf, daß in zunehmendem Maße Intellektuelle, Juristen und Theologen, aufgenommen wurden. Bereits im Jahre 1211 verleiht Franziskus persönlich die Kutte Johannes Parenti und Albert von Pisa – recht tugendhaften Männern, die jedoch mit einem Ägidius und einem Juniper wenig gemeinsam haben; die gleiche Ehre wird Elias Bombarone zuteil, der unter dem Namen des Bruders Elias von Cortona bekannt ist und der, weil er den Zwiespalt zwischen Ideal und Wirklichkeit am nachhaltigsten und in verantwortlicher Stellung austragen mußte, bei den späteren Generationen auch einer sehr zwiespältigen Beurteilung unterworfen wurde. Anderseits war die Aufnahme von Geistlichen gleichbedeutend mit der Einführung theologischer Studien, also der Gründung von Schulen und Bibliotheken. Der Eintritt der Priester Silvester und Leo war anfangs noch eine Ausnahme gewesen: sie waren zu Beichtvätern der Brüderschaft ausersehen; jetzt befanden sich zahlreiche Geistliche in jedem Kloster, und so galt es den Erfordernissen des Priesteramts Rechnung zu tragen: der Orden mußte nun über Kirchen verfügen, Priestergewänder, Meßkelche, Breviere besitzen. Die völlige Armut erfuhr daher einige Einschränkungen. Von da war es nur ein Schritt bis zu dem Vorhaben, Klöster zu bauen und die Minoriten nach Art der Predigermönche zu einem Orden von Gelehrten heranzubilden. Diese Entwicklung bahnte sich schon zu Lebzeiten des Heiligen an. Er hat sie, wie sein Brief an den heiligen Antonius von Padua, sein Testament und andere authentische Zeugnisse dartun, nicht gehindert. Sein Streben ging vielmehr dahin, auch bei all dem die Grundanliegen des Ordens zu wahren. Es mag sein, daß er bei manchen seiner Brüder damit keinen Erfolg hatte, und daß manche ihn auch hierin nicht verstanden, weil sie zu sehr Kinder ihrer Zeit waren, die eine schulmäßige Bildung offensichtlich überschätzte. Es läßt sich aber auch nicht leugnen, daß Franziskus gerade für die wissenschaftliche Tätigkeit seiner Brüder Mahnungen gab, die später unter den großen Gelehrten des Ordens reiche Frucht trugen. Doch wurde das, wie alles Gute im Leben der Menschheit, nur mit großen Wehen geboren.

Zunächst stand Franziskus all diesen überraschend neuen Entwicklungen hilflos gegenüber. Deshalb begab er sich an die römische

Kurie, um vom Papst Hilfe in diesen Schwierigkeiten zu erbitten. Dieser erließ sogleich, noch im Jahre 1220, eine Bulle, mit der er das Noviziat einführte und das Reisen ohne Erlaubnis der Oberen untersagte. Nach Portiuncula zurückgekehrt, setzte Franziskus die Generalvikare ab und ernannte Petrus Cathanii zu seinem Stellvertreter, den er selbst – auch darin mehr fromm als rechtlich denkend! – seinen Minister nannte, wodurch er manche Verwirrung unter den Brüdern verursachte. Auch Petrus war wissenschaftlich gebildet, aber ein Jünger der ersten Stunde und ganz vom evangelischen Geiste erfüllt. Er starb jedoch nach einigen Monaten, worauf Franziskus Elias von Cortona zu seinem Stellvertreter ernannte, einen Mann, der die Erfordernisse des praktischen Lebens sah und ihnen, um der Entwicklung des ganzen Ordens willen, Rechnung zu tragen suchte, dabei aber voll ehrlicher Bewunderung für den kleinen Armen von Assisi erfüllt war, sodaß dieser ihn bis zu seinem Tode wie seine Mutter verehrte. Ihm vertraute Franziskus praktisch die Leitung des Ordens an, ihm überließ er die Lösung jener Schwierigkeiten, deren er selbst

Bruder Elias von Cortona

Die Eremitei dei Carceri, wo Franziskus die Regeln ausarbeitete

nicht Herr werden konnte. Zudem hatte er sich schon 1220 vom Papst den Kardinal Hugolin erbeten, damit dieser in Zukunft an Stelle des Papstes alle Angelegenheiten des Ordens prüfen und entscheiden sollte.

Nachdem er so die äußere Leitung des Ordens gefestigt hatte, machte sich Franziskus daran, dessen inneres Gefüge zu festigen und seine eigenen Gedanken genauer zu fassen. Zu diesem Zweck zog er sich in die Einsamkeit zurück und begann, die Regel des Ordens, die sich mit dem Wachstum desselben auch weiter entwickelt hatte, neu zu fassen. Dabei ließ er sich von dem in der Kenntnis der Heiligen

Sankt Antonius. Von Benozzo Gozzoli. Kirche Aracoeli, Rom

Schrift erfahrenen Bruder Cäsar von Speyer helfen. Diese Regel, die auf das Jahr 1221 datiert wird, schwächte die ursprüngliche Fassung in keiner Weise ab; vielmehr legte sie noch stärker den Akzent auf das Evangelium und vermehrte in diesem Sinne die kennzeichnenden

Zitate und unnachsichtigen Erläuterungen. Sie klingt mit einer Mahnung an die Treue aus: der Gründer beschwört seine Söhne, nichts hinzuzufügen und nichts wegzulassen; auch sollten sie diesen Text auswendig wissen; weise er doch allein den Weg, wie sie die beim Eintritt in den Orden übernommene Verpflichtung einhalten könnten.

Auf dem Kapitel des Jahres 1221 befaßte man sich dann vor allem mit der Entsendung weiterer Brüder in die europäischen Länder, entweder um die früher Entsandten abzulösen oder um neue Niederlassungen zu gründen. Ein Vorgang indessen, der damals kein Aufsehen erregte, hatte für den Orden weitreichende Folgen: Als die Brüder auseinandergingen, bemerkte der Provinzial der Lombardei einen jungen Bruder, der allein zurückblieb. Er erfuhr von ihm, daß er Priester sei, und nahm ihn mit sich. Dieser Geistliche namens Antonius war zunächst Augustinerchorherr in Coimbra gewesen. Als er vom Märtyrertod des Bruders Berard und seiner Gefährten hörte, war er bei den Minderbrüdern eingetreten und hatte sich nach Marokko eingeschifft, weil er dort das gleiche Schicksal erleiden wollte. Nach allerhand Abenteuern war sein Schiff an der Küste Siziliens gestrandet. Dort hatte er sich Ordensbrüdern angeschlossen, die nach Portiuncula unterwegs waren. Bruder Antonius fand bald Beachtung wegen seiner Frömmigkeit und seiner theologischen Kenntnisse. Sein Ruf drang bis zu Franziskus, der höchst erfreut über einen Bruder war, der diese beiden Gaben in sich vereinigte, und ihm deshalb die Lehrerlaubnis erteilte. Damit war offiziell anerkannt, daß der Orden theologische Schulen halten durfte. Auf diese Weise wurde Bruder Antonius, dessen Heiligsprechung unter dem Namen Antonius von Padua erfolgen sollte, zum ersten Theologen des Ordens und begann in Bologna im Einklang mit den Auffassungen des heiligen Franziskus zu lehren. Denn dieser verwarf nicht die Wissenschaft als solche; er verabscheute lediglich jene Wissenschaft, die das Herz austrocknet und an die Stelle des Gebetes tritt.

Das Regelproblem ließ aber dem heiligen Franziskus keine Ruhe. Immer wieder besprach er es mit den Erfahreneren unter den Brüdern und auch mit dem Kardinal Hugolin. Als Frucht dieser Bemühungen ist die endgültige Regel des Ordens anzusehen, die er in der herrlichen Einsiedelei auf dem Fonte Colombo bei Rieti verfaßte. Dieser Text ist dem kirchlichen Recht mehr angepaßt; er zeigt aber auch, mit welcher Behutsamkeit und Treue die Mitarbeiter die Anliegen des heiligen Franziskus zu wahren suchten. Im Gegensatz zur früheren Regel befiehlt Franziskus in dieser Lebensform viel mehr als der höchste Obere des Ordens und kraft dieser Vollmacht. Im ganzen ist sie kürzer als die frühere Regel, sie berücksichtigt aber auch mehr die Tatsache, daß sich der Orden über alle Länder der damals bekannten Welt verbreitet hatte. Sie blieb dabei aber ebenso streng in allen Punkten, die auf die Beobachtung des Evangeliums und besonders der evangelischen Armut gingen. Diese Regelfassung wurde am 29. November 1223 von Papst Honorius III. durch die Bulle *Solet annuere* feierlich bestätigt. Sie ist heute noch für alle drei

Zweige des Minderbrüderordens verpflichtend. Es mag sein, daß Franziskus bei ihrer Abfassung auf manche ihm liebgewordenen Gedanken verzichten mußte, trotzdem ist auch diese Regel ein wunderbarer Aufruf zu einem heiligen Leben, dem im Laufe von mehr als sieben Jahrhunderten Millionen von Menschen aus allen Schichten Folge leisteten. Nicht zu Unrecht feiert darum der Orden am 29. November, dem Erinnerungstag an die Bestätigung seiner Regel, das Gedächtnis aller seiner Heiligen, die in einem Leben nach dieser Regel ihr großes Ziel erreichten.

Die letzten Jahre und der Tod

Jetzt, nachdem er den Orden äußerlich und innerlich gefestigt glaubte, verspürte Franziskus gleichsam das Bedürfnis, sich zu sammeln und sich auf den Tod vorzubereiten. Er ist kaum über vierzig; doch schon haben ihn Krankheit und Erschöpfung zum Greis werden lassen. Er hat sich übermäßig kasteit; sein Körper ist abgezehrt, seine Stimme tonlos, sein Magen verträgt schlecht die Speisen, und die langen Wanderungen unter der Sonne Italiens und des Orients haben ihm die Augen verdorben. Er hat zwar die Regierung des Ordens nicht mehr fest in der Hand, aber er ist bemüht, seine geistige Autorität aufrechtzuerhalten und bis zum Tode durch sein Beispiel die Brüder auf dem rechten Weg zu stärken.

Vor allem kam es ihm darauf an, seine Einsamkeit wiederzuerlangen und sich auf das Weihnachtsfest vorzubereiten, das ihm so sehr am Herzen lag. In diesem Jahre wünschte er es besonders festlich zu begehen. Daher ließ er in Greccio die Grotte von Bethlehem mit Krippe, Ochs und Esel nachbilden; dort wurde unter großer Beteiligung des Volkes die Mitternachtsmesse gesungen, wobei er das Amt des Diakons versah. Und seither ist diese naive und rührende Darstellung in den meisten Kirchen der Welt eingeführt worden.

Den Winter und den Frühling darauf verbrachte er in den Einsiedeleien des Rietitals und widmete sich meistens dem Gebet; um nicht seinem Predigeramte untreu zu werden, begab er sich von Zeit zu Zeit in die Dörfer und verkündete das Reich Gottes. Als Pfingsten herannahte, fand er sich bereit, vor dem Generalkapitel zu erscheinen; es war das letzte Mal. Fortan konnte man ohne ihn auskommen, er aber konnte den vertrauten Umgang mit Jesus nicht entbehren: mehr und mehr ersehnte er jenes vollkommene Leben, das er so oft herbeigewünscht hatte, und zu dem ihn nunmehr eine geheime Stimme immer gebieterischer aufrief. Zehn Jahre waren jetzt schon vergangen, seit ihm der Graf Orlando einen abgelegenen Felsen geschenkt hatte, in dessen abschüssigen Höhlen niemals eine menschliche Stimme widerhallte: den Berg Alverna. Dorthin zog er sich jetzt zurück, um nur noch dem Gebete zu leben, doch im Einklang mit den Bräuchen des Ordens, die von den Einsiedlern ein Leben in Gemeinschaft verlangten. Er nahm daher die «drei Gefährten» mit:

Franziskus läßt in Greccio eine Krippe aufstellen und versieht als Diakon die Weihnachtsmesse. Von Taddeo Gaddi. Florenz, Accademia

Leo, Angelus und Rufinus, dazu drei weitere Brüder, die sein besonderes Vertrauen besaßen. Im August brachen sie auf; es war heiß, die Wanderung war beschwerlich. Hätte nicht ein Bauer seinen Esel geliehen, so wäre Franziskus niemals am Ziel angelangt. Graf Orlando, der vom Herannahen des Heiligen Kunde erhalten hatte, zog ihm mit seinem Gefolge entgegen und bot ihm in jeder Hinsicht seine Dienste an. Doch Franziskus bat ihn nur darum, ihm eine abseits gelegene Hütte bauen zu lassen, die ihm als Zelle dienen sollte, während den anderen Brüdern Höhlen und ein ärmliches Häuschen für ihre Zusammenkünfte zur Verfügung standen. Sein Wunsch wurde erfüllt, und so begann Franziskus sein Einsiedlerleben in Gemeinschaft mit dem Gekreuzigten; nur das Leiden Jesu stand ihm jetzt

Der Berg Alverna

vor Augen, und durch dieses Andenken gestärkt, wollte er mit seinem gemarterten Leibe, seiner verwundeten Seele seine eigene Passion leben.

Er war indessen noch nicht allein genug. Er beschloß daher, sich noch etwas weiter zu entfernen. Nach Mariä Himmelfahrt suchte er sich als Betplatz einen steinigen Erdwall aus, der jenseits einer Schlucht lag; diese überbrückte man mit einem Baumstamm. Nur Bruder Leo erhielt die Erlaubnis, den Einsamen zweimal täglich aufzusuchen. Es war ein Glück für die Nachwelt, daß Leo beträchtliche Zeit darauf verwandte, den Heiligen zu beobachten, ohne daß dieser etwas davon ahnte. So kam das Fest der Kreuzerhöhung heran, welches in den alten Orden das große klösterliche Fasten einleitet und den Gläubigen durch die reiche Vielfalt seiner liturgischen Texte auf die königliche Straße des Leidens hinweist. Beim ersten Morgengrauen betete Franziskus kniend und mit gekreuzten Armen, die Augen gen Osten gerichtet, wie folgt zum Erlöser: «O Herr Jesus Christus, ich bitte Dich, schenke mir zwei Gnadengaben, bevor ich sterbe: die erste ist, daß ich so sehr wie möglich in meiner Seele und in meinem Leibe die Leiden spüren möge, die Du, o milder Jesus, in Deiner bitteren Passion hast ausstehen müssen; die zweite, daß ich so sehr wie möglich in meinem Herzen jene Liebe ohne Maßen empfinden möge, von der Du, der Sohn Gottes, entflammt bist, und die Dich bewog, freiwillig so viel für uns, elende Sünder, zu leiden!»

Die Vogel-Kapelle auf dem Alverna

Und auf einmal verspürte er die unsagbare Gewißheit, daß Gott ihn erhörte. Schon erschien ein strahlender Seraph mit sechs Flügeln am Himmel und stieß auf ihn herab; er hatte ein Menschengesicht und war gekreuzigt. Franziskus empfand gleichzeitig eine übermenschliche Freude und einen furchtbaren Schmerz; er entbrannte in unendlicher Liebe zum durchbohrten Christus. Als der Seraph verschwunden war, stellte er ein ungewöhnliches Wunder an seinem Leibe fest: seine Füße und seine Hände waren durchbohrt, seine offene Seite blutete. Sein Gebet war vollkommen erhört worden: in Leib und Seele war er Jesus angeglichen.

Er war indessen nicht auf den Alverna hinaufgestiegen, um ständig dort zu bleiben. Bis zu seinem Tode konnte seine Gegenwart für die Brüder in Italien von Nutzen sein, und überdies wäre ein Aufenthalt im Winter auf diesem unwirtlichen Felsen undenkbar gewesen. Als die Sankt Michaelsfasten beendet waren, entschloß er sich zu einer Rückkehr nach Assisi; der Graf Orlando schenkte ihm einen Esel, denn er konnte seine Füße nicht mehr auf den Boden setzen. Am 30. September nahm er unter Tränen Abschied von seinen Brüdern und dem heiligen Berg; nur in Begleitung des treuen Leo, der ihm als Führer und Krankenwärter diente, machte er sich sodann auf den Weg. Diese Heimkehr glich einem Triumphzug; die Kunde von dem Wunder hatte sich schon verbreitet, und aus allen Dörfern strömten die Menschen herbei, um den Gottesmann zu sehen, seinen Strick oder einen Zipfel seiner Kutte zu berühren; er aber war ganz in sein Gebet vertieft und sah und hörte nichts. Franziskus' geschwächter Körper war indessen den Strapazen nicht gewachsen, und als die beiden Minoriten Città di Castello erreicht hatten, mußten sie eine Ruhepause von einem ganzen Monat einlegen. Schließlich trafen sie um Weihnachten in Portiuncula ein.

Franziskus sollte dort nicht das Dasein eines Sterbenden führen. Nach einigen Ruhetagen fühlte er sich besser, und da ihn ein solches inneres Feuer verzehrte, entschloß er sich zu predigen. Während der fünf ersten Monate des Jahres 1225 durchzog er Umbrien auf seinem Esel und sprach feuriger denn je zum Volke. Doch als die Sonne stärker wurde, nahm seine Sehkraft weiter ab, und man fürchtete, daß er völlig erblinden werde. Die Brüder beschlossen, in Rieti, wo sich der Papst Honorius aufhielt, den päpstlichen Leibchirurgen zu konsultieren. Zuerst suchte Franziskus Schwester Klara auf, um von ihr Abschied zu nehmen; dabei erlitt er einen Rückfall und verbrachte bedrückte und angstvolle Wochen in einer ärmlichen Schilfhütte, die Klara im Garten von San Damiano hatte erbauen lassen. Unter den schlimmsten Schmerzen verfaßte er dort jenes wunderbare Gedicht, jenen Lobpreis der Liebe und der Freude, den er *das Lied des Bruders Sonne* nannte: «... *Gelobt seist Du, Herr, mit allen Deinen Geschöpfen* ...»

Als er sich besser fühlte, brach er schließlich nach Rieti auf, wo ihn die Menge beinahe in Stücke gerissen hätte; so eifrig wurde jetzt

Franziskus empfängt die Wundmale. Von Gentile da Fabriano. Mailand, Kirche San Tommaso d'Aquino

die Verehrung, die man ihm erwies. Die Behandlung, die sich die Ärzte ausdachten, brachte ihm keinerlei Linderung. Er entzog sich ihnen und fand Unterkunft in einer nahe gelegenen Einsiedelei, wo er, trotz aller Ermahnungen, unter den größten Entbehrungen lebte. Weihnachten begab er sich nach Fonte Colombo; dort traf er mit dem Chirurgen Thebald zusammen, der sich zu einer Roßkur entschloß, um ihm das Augenlicht zu retten: einer Ätzung der Schläfe mit glühendem Eisen. Wie die Chronisten berichten, war das ein sehr aufregender Eingriff; das Knistern des Fleisches jagte die mannhaftesten Brüder in die Flucht. Doch Bruder Feuer nahm Rücksicht auf die Schwäche des Dichters der Kreatur; Franziskus blieb sehr ruhig und erklärte, er habe keinerlei Schmerz verspürt. Seine Augen besserten sich indessen nicht. Man brachte ihn darauf in die Einsiedelei von Alberino nahe Siena, einen Ort, dessen Klima für seine zerrüttete Gesundheit günstiger zu sein schien; dort, hoffte man, werde er wieder zu Kräften kommen. Doch bald nach seiner Ankunft trat ein erschreckender Blutsturz ein; man glaubte das Ende gekommen. Die Brüder, die sich rings um den Kranken versammelten, nahmen seine letzten Wünsche entgegen: er gebot ihnen brüderliche Liebe, Armut, Gehorsam gegenüber der römischen Kirche. Bruder Elias wurde benachrichtigt und eilte herbei. Er ordnete an, daß Franziskus unter größtmöglicher Schonung nach Portiuncula gebracht werden sollte.

Der Transport war lange und mühsam. Der Leib des Kranken schwoll sichtlich an; man mußte in der Einsiedelei Celle bei Cortona Station machen. Dort wurde ein Feldzugsplan entworfen: man beschloß, Perugia nicht zu berühren, das normalerweise auf dem Wege nach Assisi gelegen hätte, denn man befürchtete, die Rivalin werde den Leib des Heiligen, der bereits als Reliquie betrachtet wurde, mit Beschlag belegen. Der Trupp mit der Bahre schlug sich daher auf Umwegen bis nach Nocera durch, wo ihn eine aus Assisi entsandte bewaffnete Eskorte erwartete. So hielt denn Franziskus als Sterbender und von Bewaffneten umringt Einzug in seine Heimstadt, inmitten einer Menge, die sich vor Freude nicht lassen konnte.

Eine der ersten Neuigkeiten, die man ihm mitteilte, war der Streit zwischen dem Bischof und dem Podestà. Schmerzlich bewegt über diesen Skandal, fügte Franziskus dem *Lied des Bruders Sonne* eine Strophe über die Nächstenliebe hinzu: «*Gelobt seist Du, Herr, für alle, die aus Liebe zu Dir ihren Feinden vergeben . . .*» Er entsandte Pacificus und einen anderen Bruder, die im Auftrage des Heiligen den Podestà in das Haus des Bischofs baten; vor den beiden Amtspersonen sangen sie aus vollem Herzen den Hymnus der Liebe. Dem konnte keiner widerstehen; erschüttert versöhnten sich die beiden Gegner.

Nunmehr konnte Franziskus keine Nahrung mehr zu sich nehmen. Sein Arzt stellte die Diagnose, daß er längstens noch bis Anfang Oktober zu leben habe. Er empfing diese Nachricht mit freudigem Frohlocken. Diesmal konnte er sich also auf den Tod vorbereiten wie auf ein nahe bevorstehendes Fest. Er fügte seinem Liede eine letzte Strophe hinzu: «*Gelobt seist Du, Herr, für unseren Bruder, den leiblichen Tod . . .*», und die Brüder Angelus und Leo erhielten den Auftrag, ihm dieses seraphische Gebet ständig vorzusingen. In diesen Monaten baten die Brüder wiederholt, er möge doch dem Orden eine letzte Willenserklärung hinterlassen. Nach vielen

Überlegungen, auch mit den Brüdern, entstand so das Testament des Heiligen. Es stellt fraglos ein Meisterstück des franziskanischen Denkens dar; es ist zugleich eine kurze Autobiographie und eine Zusammenfassung der religiösen Verpflichtungen, nicht nur eine bloße Aufzählung mit gesetzgeberischer Kraft wie die Ordensregel, sondern eine Vergegenwärtigung der wesentlichsten Eigenschaften, die einen echten Minderbruder ausmachen.

Ende September äußerte er den Wunsch, das bischöfliche Palais, in dem er untergebracht war, mit der Portiuncula zu vertauschen. Dort wollte er sterben; im Schatten von Santa Maria degli Angeli, wo sich das erste Kloster seines Ordens erhob, und inmitten seiner ersten Brüder. Wiederum legte er diese letzte Reise unter Bedeckung zurück. Vor San Salvatore delle Pareti, auf halbem Wege zwischen Assisi und Portiuncula, ließ er den Zug anhalten und bat darum, daß man sein Gesicht Assisi zukehre. Er sammelte sich einen Augenblick und vergegenwärtigte sich das Bild seiner Geburtsstadt, die sich vor ihm aufbaute und die seine blinden Augen nicht mehr sahen; dann hob er die Hand und segnete sie voller Liebe.

In Portiuncula wollte er als Unterkunft nur eine ärmliche Hütte,

Klara und die Schwestern beweinen den toten Heiligen. Fresko von Giotto, Assisi

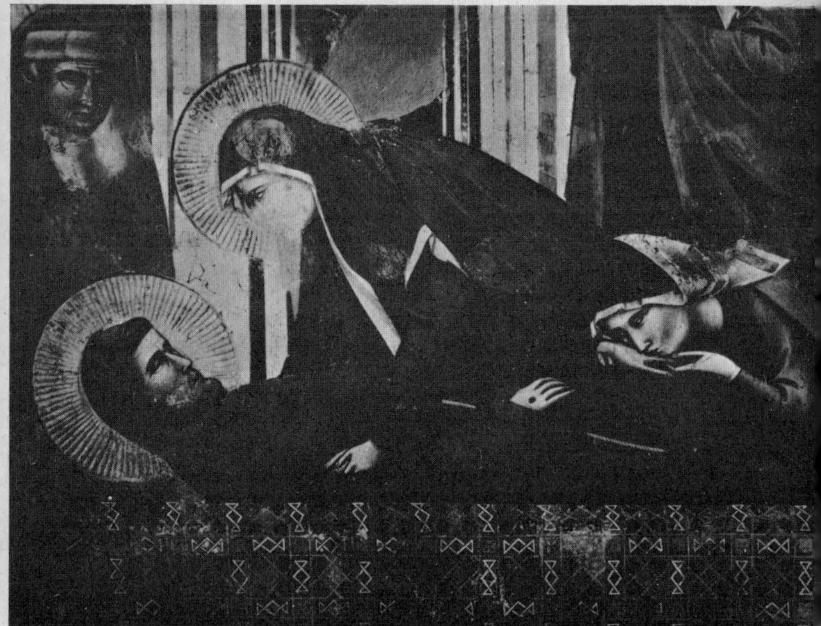

die unmittelbar neben der Kapelle lag. Er verbrachte dort seine letzten Tage unter großen Schmerzen und in großer Freude. Die Brüder der ersten Klostergemeinschaft, die zugegen waren, wichen nur selten von seinem Lager und baten ihn um seinen Segen. Er erteilte ihn und schloß darin alle abwesenden und künftigen Brüder ein. Mit einem besonderen Segen bedachte er neben dem Bruder Elias, seinem Stellvertreter, auch seinen ersten Schüler, Bernhard von Quintavalle, und bat die Brüder des ganzen Ordens, ihn vor allem zu ehren. Auch «Bruder Jakoba» erschien; sie brachte die Kutte mit, die ihm als Leichenkleid dienen sollte, und einen Mandelkuchen nach einem köstlichen Rezept, das Franziskus früher sehr geschätzt hatte. Er berührte den Kuchen nur eben mit den Lippen; sodann mußte ihn Bruder Bernhard im Namen des heiligen Gehorsams verzehren. Am 2. Oktober verlangte Franziskus nach einem Brote, segnete es und verteilte es unter seine Jünger, womit er die Geste Christi beim letzten Abendmahl wiederholte. Am folgenden Tage, von dem er wußte, daß es sein letzter sein werde, ließ er sich die Leidensgeschichte nach dem Johannesevangelium vorlesen; sodann zog man ihm auf seine Bitte seinen Leibrock aus, legte ihn auf die bloße Erde und streute Asche über ihn, als Symbol für die Demütigung, in der sein Leib nun versinken sollte. Als es Abend geworden war, stimmte er den 142. Psalm an: «Mit meiner Stimme rufe ich zu dem Herrn, mit meiner Stimme flehe ich zu dem Herrn ...» Die Brüder versammelten sich um den abgezehrten Körper, aus dem die Psalmodie drang wie ein Siegeslied. Die Stimme wurde schwächer, aber der Spielmann Gottes hielt durch bis zum letzten Vers: «Führ' meine Seele aus ihrem Kerker, damit ich preise Deinen Namen; die Gerechten warten, daß Du mir Gutes tust.» Das letzte Wort war zugleich der letzte Seufzer: Als Apostel der Freude und des Gebets war Franziskus gestorben, während er seinem Herrn ein Loblied sang.

Das Begräbnis war ein neuer Triumph. Der stigmatisierte, mit Blumen bedeckte Leichnam wurde zunächst nach Assisi übergeführt; dabei begleitete ihn eine verzückte Menge, die grüne Zweige und brennende Kerzen trug und Hymnen sang. Die Prozession zog an San Damiano vorüber, wo Klara und ihre Schwestern weinend die sterbliche Hülle verehrten; die Beisetzung fand sodann in der Kirche San Giorgio statt, wo Franziskus die Schule besucht und seine erste Predigt gehalten hatte. Fortan ereigneten sich zahlreiche Wunder an der Grabstätte. Im nächsten Jahr starb Honorius III. und bereits am Tage nach seinem Tode wurde Hugolin unter dem Namen Gregor IX. einstimmig zu seinem Nachfolger gewählt. Das war für ihn keine Überraschung, da ihm ja Franziskus seine Erhebung auf den Heiligen Stuhl vorausgesagt hatte; freilich ahnte Franziskus nicht, daß sein Freund Hugolin als Papst schon zwei Jahre nach seinem Tode seine Kanonisierung vornehmen würde. Solches geschah am 16. Juli 1228 in der Kirche San Giorgio in Assisi; mit tränenerstickter Stimme verkündete dort der greise Heilige Vater vor einer großen Volksmenge, vor Kardinälen und Königen, daß der

Poverello in die Zahl der Heiligen aufgenommen worden sei. Bruder Elias wurde damit betraut, über dem Grabe des seraphischen Vaters eine prächtige Basilika zu erbauen; um ihn bei der Verwirklichung dieses Vorhabens zu unterstützen, schenkte ihm ein reicher Bürger Assisis einen Hügel am Rande der Stadt, auf dem sich schon bald der Sacro Convento und die heutige Patriarchalbasilika San Francesco von Assisi erhoben. Die Stätte hieß bis dahin der Höllenhügel, weil dort früher Hinrichtungen stattgefunden hatten; man nannte sie nunmehr den Paradieshügel.

Das Kruzifix, vor dem Franziskus im Jahr 1206 betete und die Stimme Gottes vernahm. 12. Jahrhundert. Kloster Santa Chiara, Assisi

DER FRANZISKANISCHE GEIST

Das Ja zu Christus

Ein Verlangen beherrschte alles Tun des heiligen Franziskus: es ging ihm darum, Jesus zu gefallen und sich ihm anzugleichen. Offenbar besteht darin das eigentliche Fundament des franziskanischen Ordenslebens, auch muß jede Tugend, die Franziskus und seine Jünger betätigten, unter diesem Blickwinkel gesehen werden. Franziskus ist von Jesus selber aufgefordert worden, sich zu bekehren; leibhaftig hat Jesus auf dem Wege nach Spoleto zu ihm gesprochen, wie einst in Damaskus zu Paulus. Und von dem Augenblicke an, da er für Christus gewonnen ist, hält er nach keinem anderen Meister Ausschau, der ihn auf den Wegen der Religiosität unterweisen könnte. «*Niemand*», heißt es in seinem Testament, «*zeigte mir, was ich zu tun hätte, sondern der Allerhöchste selbst hat mir geoffenbart, daß ich nach der Weise des heiligen Evangeliums leben sollte.*»

Als ihm der Herr Brüder sendet, ist er vor allem bestrebt, ihnen diese Leidenschaft für die Person des Gottessohnes einzupflanzen. Er trifft denn auch nicht Vorsorge, um seinen Orden stärker auf die Tat oder auf die Kontemplation auszurichten, ihn mehr für die Wortverkündung oder für Liebeswerke einzusetzen; alles das gehört mit dazu, ohne sich als die wesentliche Aufgabe zu erweisen. Der Franziskaner ist zuallererst ein Mensch, der auf den Herrn schaut und auf ihn hört; der sich nach seinem Leben und nach seinem Worte richtet. «Der Orden, wie ihn Franziskus ins Leben rufen wollte», schreibt Pater Gratian, «ist mehr noch ein Orden von Nachfolgern Christi als ein Predigerorden.» Die Regel des Jahres 1221 ist in dieser Hinsicht ganz eindeutig: «Die Regel und das Leben dieser Brüder ist dies: nämlich: zu leben in Gehorsam, in Keuschheit und ohne Eigentum und unseres Herrn Jesu Christi Lehre und Fußspuren zu folgen ...» Der Gründer hat im übrigen lange geschwankt, bevor er sich entschloß, den Menschen das Gottesreich zu predigen, und viele seiner Gefährten entschieden sich für das Einsiedlerleben; in den Atempausen, die ihm seine apostolischen Feldzüge ließen, suchte er selber den Frieden in den einsamen Höhlen der Carceri — auf dem Hange des Subasio — oder im Tal von Rieti; wenn er seine Wahl zu Gunsten der Wortverkündung traf, so geschah das wiederum, weil er den Einklang mit Christus erstrebte, der, statt in der Seligkeit zu verbleiben, wie er sie beim Vater genoß, Menschennatur angenommen hatte, um den Weg zur Erlösung zu weisen.

Die Inbrunst, mit der er Jesus Schritt für Schritt folgte, war keine Verwegenheit oder Anmaßung. In Wahrheit lebte Franziskus auf eine so wunderbare Weise nach seinem Ideal, daß er es wohl verdient hat, wenn ihn ein großer Papst «die vollkommenste Nachahmung Christi» genannt hat. Und nicht nur seine persönliche Anstrengung führte zu diesem Ergebnis, sondern Gott selber bestätigte sein Streben, indem er ihm, zum ersten Mal in der Geschichte der Mystik, die Gnade der Stigmatisation gewährte. Die Zeitgenossen täuschten sich nicht, und alle Chronisten betonen voller Bewunderung die frappante Ähnlichkeit, die zwischen Meister und Jünger bestanden habe; wie es Thomas von Celano ausdrückt, war Franziskus «der sehr heilige Spiegel der Heiligkeit des Meisters.» Zweifellos hat man mitunter die Ähnlichkeit übertrieben; so sucht Bruder Bartholomäus Albizzi von Pisa in seinem *Liber conformitatum* (dem *Buche der Übereinstimmungen*) den Nachweis zu erbringen, daß zwischen Jesus und Franziskus ein rigoroser Parallelismus bestanden habe, wodurch die Persönlichkeit des letzteren gleichsam ausgelöscht wird. Wir wollen indessen nicht den Gründer für die Taktlosigkeit eines seiner Söhne verantwortlich machen und auch nicht Anstoß daran nehmen, daß die ersten Franziskaner den Gottmenschen in dem Gottesmanne zu erblicken glaubten. Schon der Apostel Paulus hatte ja an die Christen die Aufforderung gerichtet: «Folget mir nach, so wie ich selber Christus nachfolge!»

Franziskus konnte sich freilich mit einem rein historischen Christus nicht zufrieden geben; seine Treue zum Erlöser gründete sich auf zwei gegenwärtige Wirklichkeiten, die ein Leben Christi in den Menschen ermöglichten: auf das Evangelium und auf die Eucharistie. Das Evangelium war Franziskus' einzige Gesetzesurkunde und neben dem Lehramte des Papstes die einzige Autorität, die er jemals anrief. Den ganzen Sinn der Berufung, die ihm Christus persönlich offenbart hatte, entdeckt er erst durch die Lektüre des Matthäusevangeliums. Die Regel seines Ordens besteht in der Befolgung des heiligen Evangeliums unseres Herrn Jesus Christus, und er leitet alle Gebote ausschließlich aus dem göttlichen Wort her. Alle Kämpfe, die er mit den Ordensministern durchfechten muß, erklären sich aus der Zähigkeit, mit der er an der unumschränkten Beachtung des Evangeliums festhielt. Weil das Evangelium unnachgiebig ist, war er unnachgiebig; weil das Evangelium sanft ist, war er sanft; er fand darin die Antwort auf alle Wünsche und alle Fragen der Weltverbesserer und Vollkommenheitssucher und gestattete ihnen nicht, den geringsten Kommentar hinzuzufügen.

Seine Liebe zur Eucharistie wirkt ebenso eindringlich. Sie findet ihren Ausdruck in allen seinen großen Briefen, und seine Sendschreiben geringeren Umfangs ließen sich unter den Titel: *Eucharistische Briefe* zusammenfassen; nach dem Zeugnis Celanos enthielt die ursprüngliche Regel ganz besondere Mahnungen und Vorschriften hinsichtlich der Gedenkfeier des Herrn. Vor den Priestern empfand er die höchste Achtung: *«Ich will ihnen ... Ehrfurcht erweisen, will sie lieben und ehren wie meine Herren»*, erklärt er in seinem Testamente. *«Und ich will bei ihnen nicht auf eine Sünde achten, weil ich den Sohn Gottes in ihnen erblicke ... Und deswegen tue ich das, weil ich in dieser Welt von ihm, dem höchsten Sohne Gottes, leiblicherweise nichts sehe als seinen heiligsten Leib und sein heiligstes Blut, das diese empfangen und sie allein anderen darreichen.»* Die

Eine der Carceri-Grotten

Häufung solcher Texte und der innige Ton, der aus ihnen spricht, bewogen Pater Hilarin Felder von Luzern zu der Feststellung: «Franziskus wollte, daß seine Söhne, genau gesprochen, als Missionare der Eucharistie in der Welt wirken sollten. Das ist vor diesem Zeitpunkt etwas ganz Unerhörtes.»

Man kann dieses Urteil auf die Verehrung des Gottmenschen ausdehnen. Franziskus ist zweifellos einer der ersten unter den Heiligen, der zugleich in seinem Leben und in seinem Werke mit solch einer verzehrenden Inbrunst Christus nachzuleben sucht; seine ganze Frömmigkeit, wie er sie betätigte und anderen einpflanzte, ist daher eine christozentrische Frömmigkeit. Er hat keine Tugend geübt, ohne damit das Ziel zu verfolgen, dem Erlöser ähnlich zu werden und seinen Vorschriften zu gehorchen; es gibt daher nichts weniger Philosophisches als seine Theologie, nichts weniger Ausgeklügeltes als seine Askese, nichts weniger Stoisches als seine Armut. Sein Leben und seine Lehre erstreben nur eins: er möchte ja sagen zum lebendigen Christus und die ganze Welt zu dieser Bejahung hinreißen.

Geist der Liebe

Alle Heiligen haben geliebt; alle geistigen Bewegungen christlicher Herkunft sind von Liebe durchdrungen. Es stellt daher keine große Neuigkeit dar, wenn man feststellt, daß der franziskanische Geist ein Geist der Liebe ist. Und doch muß man ihn auf diese Weise kennzeichnen.

Die seraphische Liebe ist insofern von besonderer Art, als sie, wie in der Lehre Augustins, die Triebkraft des Handelns und das Fundament der Tugenden darstellt. Dieser Vorrang, den Franziskus von Assisi und seine ersten Jünger der Liebe im tätigen Leben einräumten, wurde von den Theologen und Philosophen des Ordens zum Prinzip des geistigen Lebens – des göttlichen wie des menschlichen Lebens – erhoben. Überdies ist die seraphische Liebe spontan, frei, glühend. Sie läßt sich nicht in Methoden, Formeln und Erklärungen einfangen. Sie ist unbedacht und unvernünftig, weil ihr auch die Liebe Jesu so erscheint. Diese Liebe Jesu ist in der Tat ihre einzige Rechtfertigung. Es ist die gleiche Nachahmung, wie sie uns schon der Evangelist Johannes empfiehlt: «Lieben wir, da Gott uns als erster geliebt hat!» Das inbrünstige Gebet vor der Stigmatisation hat keinen anderen Sinn: Franziskus bittet, es möge ihm die unvergleichliche Gunst gewährt werden, die gleiche Liebe zu empfinden, die Christus empfand, als er sich für uns opferte. Und dieses Liebesverlangen äußert sich im Leben des Franziskus mit einem Überschwang, der keine Grenzen kennt. Wenn er von seinem Geliebten sprach, war er völlig verklärt, berichtet uns Celano; sein Gesicht wechselte die Farbe und ein Zittern durchlief seinen Körper.

Eine solche innere Glut mußte Franziskus zur höchsten Stufe der Kontemplation emporführen. Er war in der Tat ein großer Mystiker, von dem der heilige Bonaventura sagen konnte, er habe die ständige Gegenwart des Erlösers an seiner Seite gespürt. So ist es nicht verwunderlich, wenn ihn seine Zeitgenossen mit den Seraphim verglichen, diesen höchsten Geistern der himmlischen Hierarchie, die Gott von Angesicht zu Angesicht sehen und ohne Unterlaß seine Heiligkeit verkünden. Wenn sein Name in diesem Zusammenhang nicht die gleiche Berühmtheit genießt, wie sie Johannes vom Kreuz oder Katharina von Siena zuteil wurde, so erklärt sich das damit, daß er sich, abgesehen von seinen gesetzgeberischen und seelsorgerischen Schriften, niemals mit lehrhaften Arbeiten abgab; er lebte seine Freude und seine Passion Tag für Tag, ohne seine religiösen Erfahrungen zu analysieren, ohne auf seine Seelenzustände zurückzukommen, ohne zu versuchen, hinsichtlich der Gnaden, die er von Gott empfing, Bilanz zu ziehen. Wenn er ein einziges Mal, in seinem *Testamente* nämlich, die Wandlungen erwähnte, welche die Gnade an ihm vollbrachte, so tat er das, um vor seinem Tode den göttlichen Ursprung seiner Berufung zu bezeugen; der heilige Paulus verfuhr nicht anders, als er sich vor den Korinthern rechtfertigte. Ebenso lagen die Dinge in der franziskanischen Familie; es erscheint einigermaßen verwunderlich, daß ein Orden, der seit sieben Jahrhunderten zahlenmäßig der stärkste blieb und in allen Epochen an bedeutenden kontemplativen Geistern keinen Mangel litt, nur eine so bescheidene Menge mystischer Schriften hervorbrachte; der heilige Bonaventura, der große Scholastiker der Mystik, stellt einen Sonderfall dar. Die beiden ursprünglichsten Mystikerinnen des Ordens waren zweifellos Angela von Foligno und Veronika Juliani; sie verfaßten nur deshalb Selbstdarstellungen ihrer religiösen Erlebnisse, weil sie einem Beichtvater unterstanden und diesem aus Gehorsam – der Fall ist bei Klosterfrauen nicht eben selten – einen eingehenden Bericht über ihr Innenleben erstatten mußten.

Die Gottesliebe ist also beim Franziskaner von großer Innigkeit; er fürchtet nicht, aus Scham oder Zurückhaltung, daß sie übermäßig werden könnte, pflegt sich aber nicht nachträglich in die vergangene Gunst zu vertiefen, sondern nutzt vielmehr die Glut, welche die Kontemplation in seiner Seele entflammte, für praktische Aufgaben. Die Biographen des heiligen Franziskus schildern uns, wie er sich rückhaltlos der geringsten Berührung des heiligen Geistes überläßt und auf diese Weise in den vertrauten Umgang mit Gott versenkt, ohne Zeit und Ort zu beachten. Hernach bricht er zu seinen Wanderungen auf und predigt das Reich Gottes. Die franziskanische Berufung wahrt somit ständig ihren kontemplativen Charakter, da die liebende Seele ihrem Gott im Gebete begegnet; um aber Christus nachzufolgen, der sich nicht mit der Rolle Magdalenas zufriedengab, sondern überdies seine Sandalen auf den Straßen Palästinas abnutzte, um die Aussätzigen zu heilen und das Wort Gottes zu verkünden, bedenkt auch der Sohn des heiligen Franziskus die Menschen, die Jesus erlöst hat, mit seiner tatkräftigen Liebe.

Diese Liebe ist ebenfalls zärtlich, ausdrucksvoll, voller Begeiste-

rung. Und wie es die Ordnung der Caritas verlangt, kümmert er sich zuallererst um seinen unmittelbaren Nächsten, das heißt um die anderen Brüder. Franziskus wünschte, daß seine Ordensleute nichts anderes sein sollten als Brüder, Minderbrüder, und er verlangte, daß alle, einschließlich der Oberen, diesen Namen führten. In den Schriften des Gründers finden sich ergreifende Stellen über die brüderliche Zuneigung. Das elfte Kapitel der ersten Regel ist ihr gewidmet: «*... Sie sollen sich gegenseitig lieben ... Und sie sollen die Liebe, die sie einander schulden, in Werken beweisen ... Und sie sollen bescheiden sein und jedem Menschen lauter Sanftmut bezeugen.*» Franziskus war ständig rührend um seine Söhne besorgt. Die wichtigste Mahnung, die er an die Oberen richtet, hat zum Inhalt, sie sollten für ihre Untergebenen mütterliche Gefühle hegen. Und er selber erscheint uns bei zahlreichen Anlässen von einer köstlichen Mütterlichkeit. Er wußte, wie er den Wünschen seiner Brüder durch kleine Beweise des Zartgefühls zuvorkommen konnte. Einem Minister der Minderbrüder schreibt er: «*... daran will ich erkennen, daß du den Herrn und mich, seinen und deinen Diener, liebst, daß du Folgendes tust; nämlich: es darf keinen Bruder auf der Welt geben, mag er auch gesündigt haben, so furchtbar er nur konnte, der deine Augen gesehen und dann von dir fortgehen müßte ohne dein Erbarmen ...*»

Der Frieden des Herzens genügt nicht: es gilt, ihn auf die Gemeinschaft auszudehnen. Die Liebe zur Gemeinschaft ist somit der Einsamkeit vorzuziehen. Doch auch der Klosterfrieden genügt noch nicht, es gilt, ihn der ganzen Welt mitzuteilen. Thomas von Spalato berichtet, Franziskus sei es vor allem darum zu tun gewesen, alle Haßgefühle auszulöschen und in den Städten, die er durchzog, die Eintracht wiederherzustellen: er regte Assisis Magna Charta an, welche das herzliche Einvernehmen zwischen den sozialen Schichten verkündet; diese Sorge verließ ihn nicht auf seinem Sterbelager, von dem aus er dem Podestà und dem Bischof eine Botschaft sandte, die ihre Versöhnung bewirkte: «*Gelobt seist Du, o Herr, für alle, welche verzeihen aus Liebe zu Dir!*»

Geist der Kindheit

Die franziskanische Liebe ist spontan. Doch auch das ganze Verhalten des Franziskus und der Seinen trägt dieses Gepräge. Die Heiligen sind alle ungewöhnlich, sei es auch nur durch ihre Tugend, aber es ließe sich nur schwer ein originellerer Heiliger finden als Franziskus. Sein kindliches Wesen, seine wunderlichen Einfälle versetzen einen immer wieder in Staunen, ja man wird dadurch beunruhigt. So entsendet er den Bruder Rufinus in Unterhosen in den Dom von Assisi, damit er dort predigen soll, und schließt sich ihm sodann in der gleichen Aufmachung an, um sich für einen so tyrannischen Befehl zu züchtigen. Eines Tages ißt er Hühnerfleisch, und läßt sich dann mit einem Strick um den Hals von einem Bruder, der seine angebliche Gefräßigkeit verkündet, durch die Straßen ziehen. Als Bruder Leo auf einer Wanderung vor Entkräftung umsinkt, betritt Franziskus einen Weinberg, um dort Trauben zu pflücken, und läßt sich dann vom Eigentümer mit Stockschlägen traktieren. Die Jünger unterscheiden sich nicht von ihrem Meister: Johannes der Einfältige ahmt ihn in jeder Bewegung nach, hustet, wenn er hustet, seufzt, wenn er seufzt; Juniper schneidet einem lebendigen Schwein einen Fuß ab, um ihn für einen kranken Bruder zuzubereiten, und stibitzt silberne Glöckchen aus einer Kirche, um sie den Armen zu schenken; Jordan von Giano dringt unangemeldet in das Gemach des Papstes ein und zerrt seinen Fuß aus den Decken, um ihn ehrerbietig zu küssen. Man fände kein Ende, wollte man alle diese Heldenstücke aufzählen, durch welche der Gründer und seine ihm nacheifernden Söhne jene Gemessenheit ganz außer acht ließen, die von den schreibenden Mönchen so gepriesen wird.

Für alles das gibt es eine einfache Erklärung: Franziskus hatte eine Kinderseele. Damit soll nicht gesagt sein, daß er ein wetterwendisches und impulsives Naturell besaß: Wenn der Charakter des Poverello wie bei allen Heiligen das Fundament war, auf dem sich die übernatürliche Persönlichkeit entfaltete, so gilt es festzuhalten, daß er diese vermöge einer entschiedenen Wahl verwirklichte, sie kraft eines festen Willens annahm. An dieser Stelle erscheint ein Hinweis angebracht: Es gilt jenes Mißverständnis zu beseitigen, mit dem manche Bewunderer des heiligen Franziskus seine Tugend belasten. Wenn man sie liest, möchte man meinen, die sichtbaren Zeichen seiner wunderbaren Heiligkeit, die er den Menschen hinterließ, seien ganz einfach aus einer glücklichen Natur hervorgegangen. Solch eine Auffassung, die Franziskus keine Ehre macht, muß man zurückweisen; bei ihm, wie beim heiligen Paulus, ist es gerade die Schwäche, die es der göttlichen Stärke erlaubt, sich zu offenbaren. Der Geist der Kindheit, aus dem er lebt, ist kein lächerlicher Infantilismus, sondern der vom Evangelium entdeckte Weg zur Vollendung, den auch Therese von Lisieux nach ihm beschritten hat. Diese *reine und heilige Einfalt,* wie er sie selber nennt, ist eine edle und starke Tugend, und er scheut sich nicht, ihr die Weisheit als Schwester beizugesellen. Es ist die Einfalt der Taube, die sich keineswegs der Klugheit der Schlange widersetzt, sich aber aufs strengste jedem Anschein einer Zweideutigkeit, eines Kompromisses versagt. Der heilige Franziskus verabscheute jede Heuchelei. Während sich andere Heilige lieber vor der Welt verbergen, damit ihre Schwäche nicht zu einem Ärgernis Anlaß geben könnte, macht er sie offenkundig, um die Wahrheit nicht im geringsten zu trüben. Auch in diesem Falle wird seine Haltung vom Evangelium gebilligt: «Deine Rede sei ja, ja; nein, nein; was darüber ist, ist Werk des bösen Feindes.» Überdies will der Bekehrte, der angesichts der göttlichen Großmut aufs tiefste von seiner eigenen Unwürdigkeit durchdrungen ist, die eine wie die andere laut verkünden, damit sich niemand über seine Heiligkeit einer Täuschung hingeben kann. Dem Bruder Massäus erläutert er seine Berufung wie folgt: «*Gott, der auf die Guten und die Bösen schaut, hat unter den Sündern niemanden gesehen, der erbärmlicher und nutzloser war als ich, und daher hat er mich auserwählt, um den Adel, die Größe und die Wissenschaft dieser Welt zu verwirren.*»

Diese Demut des Geistes wollte der seraphische Vater allen seinen Söhnen als Erbteil mitgeben. Sogar ihr Name soll sie an ihren niederen Stand gemahnen: sie sind M i n d e r e, kleine Leute. Und sie sollen nicht nur darauf achten, sich i n a l l e m z u d e m ü t i g e n, sondern auch aus ihrem Zusammenleben jedes Zeichen verbannen, das eine Überlegenheit anzeigen könnte. «*Kein Bruder soll eine Machtstellung oder ein Herrscheramt innehaben*», erläutert die Regel des Jahres 1221, «*... wer der Größte unter ihnen sein will, der sei ihr Diener und Knecht, und wer der Größere unter ihnen ist, soll werden wie der Geringere.*»

Demut ist auch und vor allem gegenüber der katholischen Kirche geboten. Im Gegensatz zu den Sekten der Waldenser und der Katharer, welche die Laxheit des Klerus zum Vorwand nahmen, um sich als Zensoren aufzuspielen und sich gegen die päpstliche Autorität zu erheben, richtet Franziskus als v i r c a t h o l i c u s in der ursprünglichen Regel die folgende feierliche Mahnung an seine Nachfolger: «*Alle Brüder sollen katholisch sein, katholisch leben und reden. Sollte jedoch einer in Wort oder Werk vom katholischen Glauben und Leben abirren und sich nicht bessern wollen, dann soll er aus unserer Brüderschaft gänzlich ausgestoßen werden. Und alle Geistlichen und alle Ordensleute sollen wir als unsere Herren betrachten... Und ihrer Weihe und ihrem Amt und Dienst wollen wir im Herrn Ehrfurcht erweisen.*» Diese Worte und das ganze Verhalten des Franziskus widerlegen eindeutig jeden Zusammenhang mit gewissen Sekten, die sich damals von Rom getrennt hatten, aber auch mit manchen Gruppen im Orden selbst, die sich später als seine getreuesten Nachfolger ausgaben und doch nicht diesen Weg gingen; sie alle haben Franziskus mit Unrecht für sich in Beschlag genommen, und überdies durch ihre Schriften sein wahres Bild bis heute verzerrt. Das auf Franziskus selbst zurückgehende Franziskanertum will die Kirche wirksam reformieren, aber es ist der Auffassung, daß nichts diesem Reformwerk zuträglicher ist als Einheit und Unterwerfung; daß nichts dem Bemühen um kollektive Erneuerung besser dient, als wenn man mit der eigenen Bekehrung beginnt, wie es das Schlußkapitel der endgültigen Regel so bündig zum Ausdruck bringt. Kann sich aber jemand als bekehrt ansehn, der nicht die brüderliche Liebe lebendig erhält und der Autorität keine Achtung erweist? «*Selig der Diener Gottes, der den Geistlichen sein Vertrauen schenkt... Und wehe denen, die sie mißachten; selbst wenn sie in der Sünde sind, darf niemand sie richten, denn der Herr allein behält sich dieses Recht vor.*» So ist es denn auch nicht erstaunlich, daß der Heilige Stuhl dem Orden des heiligen Franziskus unverzüglich und ständig seinen Schutz gewährte; der kleine und schmächtige Mann, den Innozenz III. im Traume erblickte, wie er die schwankenden Mauern des Laterans mit seinen Schultern stützte, sollte wahrhaftig inmitten der Stürme, welche die mittelalterliche Kirche heimsuchten, zu einer der sichersten Stützen des Papsttums werden.

Desgleichen ist bei der Wortverkündung Demut erforderlich. Wenn Franziskus spricht, kommt es ihm nur auf Eines an: Er will die Seelen zu Christus führen. Alles ist ihm gleichgültig, was nicht in den Herzen eine Heilswirkung zu erzielen vermag. Er bemüht sich, seinen Söhnen einzuschärfen, daß die Predigt nicht um des Predigers willen geschieht, sondern dem Wohl der Gläubigen dienen soll: *«Ich bitte ... alle meine Brüder, die predigen ... sich nicht zu brüsten, nicht selbstgefällig zu sein, nicht innerlich stolz zu sein auf ihre schönen Worte ...»* Das Wort des Minderbruders soll einfach und ungekünstelt sein, ohne Geistreicheleien; in dieser zärtlichen, schmerzerfüllten, heftigen, ungeschminkten Rede äußert sich jene Rhetorik, die sich nichts aus Rhetorik macht. Sie erstrebt praktische Wirkungen und wendet sich stärker an das Herz als an den Verstand: der Jünger des heiligen Franziskus überläßt es dem Dominikaner, das Dogma zu lehren und eifrig die heilige Theologie zu rühmen; ihm selber geht es darum, die Moral zu verbreiten und dem Evangelium der Gottessucher überall Einlaß zu verschaffen. Die ursprüngliche Regel kennt keine andere Art der Predigt, und Franziskus gibt für sie ein Muster im einundzwanzigsten Kapitel: *«Tuet Buße ... Nehmt euch in acht und hütet euch vor allem Bösen und harret aus im Guten bis ans Ende!»*

Welch einem Zwecke hätte in einem derart ausgerichteten Orden die Wissenschaft dienen können? Franziskus wollte ihr anfangs um jeden Preis aus dem Wege gehn; er nahm gern einfache, wissenschaftlich ungeschulte Brüder auf, und wenn Gelehrte zu ihm kamen, bat er sie, ihr Wissen an der Klosterpforte zurückzulassen. Gegenüber der Wissenschaft hegte er ein Mißtrauen, das nur noch durch seinen Argwohn gegen den Reichtum übertroffen wurde. Und dann wird sein Orden, fünfzig Jahre nach seinem Tode, neben den Dominikanern zum berühmtesten der Universitas und kann mit den Namen eines Alexander von Hales, eines Bonaventura, eines Roger Bacon aufwarten! Hätte Franziskus sie verdammt? Der Heilige, der die Theologen so sehr verehrte und den gelehrten Antonius von Padua zum Lehrer einsetzte, verwarf nicht die Wissenschaft als solche, nur die nutzlose Wissenschaft. Soviele Magister führten ein sittenloses Leben und verbrachten ihre Zeit mit endlosen Diskussionen über die Zahl der Auserwählten oder das Geschlecht der Engel! «Wehe der Wissenschaft, die sich nicht zu lieben entschließt!» Die berühmte Verwünschung Bossuets scheint aus dem Munde des hl. Franziskus zu stammen. Bei den meisten Menschen bringt das Wissen nur Zerstreuung, Vertrocknung, Hoffart hervor. «Wüßte ich alle Geheimnisse», lehrt der Apostel, «besäße ich alles Wissen ... und hätte die Liebe nicht, so wäre ich nichts!» Franziskus widmet diesem Worte eine seiner Mahnungen, und eine andere gilt dem Spruch: «Der Buchstabe tötet, der Geist macht lebendig.» Wenn es zwischen Wissenschaft und Nächstenliebe zu wählen gälte, würde die Wahl nicht schwer fallen. Doch zum Glück kommt es vor, daß sich beide vereinbaren lassen, und zahlreiche franziskanische Heilige sind hierfür ein lebender Beweis. Die anfängliche Strenge des Gründers erklärt sich dadurch, daß zunächst nur sehr wenige wissenschaftlich Gebildete in den Orden eintraten, aber schon im Jahre 1223 schreibt die Regel vor: «... *die keine wissenschaftlichen Kenntnisse haben, dürfen nicht danach trachten, sich wissenschaftliche Bildung zu verschaffen.*» Der heilige Bonaventura erläutert dieses Gebot wie folgt:

«Die Regel untersagt das Studieren nicht den Gelehrten und den Klerikern, wohl aber den Unwissenden und den Laien. Sie wünscht in der Tat, nach dem Worte des Apostels, daß ein jeder in dem Stande verbleibt, der ihm eigen war, als er berufen wurde.» Der Gelehrte ist somit nicht aus dem Orden verbannt, und da diesem die Priesterausbildung obliegt, hält er darauf, es würdig zu tun. Vor allem soll der Franziskaner darauf achten, daß er jede Spekulation dem religiösen Ertrag unterordnet. «Die wahre Einfalt ...», läßt Celano den heiligen Franziskus sagen, «zieht die Tat dem Studium und der Lehre vor.» Insbesondere soll die theologische Wissenschaft der Kontemplation als Fundament dienen. Wiederum vernehmen wir bei Celano, wie Franziskus diesen Grundsatz aufstellt: «Wer demütig und ohne Anmaßung die Schrift studiert, gelangt leicht zur Selbsterkenntnis und zur Erkenntnis Gottes.»

Obwohl der seraphische Orden an Gelehrten keinen Mangel hat, ist der Anti-Intellektualismus bei ihm Tradition geblieben. Der große Bonaventura stimmt mit dem einfachen Bruder Ägidius darin überein, daß «ein altes Weiblein Gott mehr lieben kann als ein gelehrter Theologe». In diesem Vorrang, den sie dem Gefühlsleben und der Intuition einräumen, vereinigen sich Geist der Kindheit und Geist der Liebe.

Geist der Selbstentäusserung

Die Demut verlangt Selbstentäußerung, die Entsagung verlangt Armut. Wenn es einen Ausspruch des Evangeliums gibt, der für das franziskanische Leben Gesetzeskraft hat, so die Worte der Bergpredigt: «Sorget nicht für euer Leben ... Schauet auf die Vögel des Himmels: sie säen nicht, sie ernten nicht, sie sammeln nicht Vorräte in Speichern, und euer himmlischer Vater ernährt sie doch. Seid ihr denn nicht viel mehr wert als sie? ... Trachtet zuerst nach dem Reiche Gottes und seiner Vollkommenheit, so wird euch alles Andere zufallen!» Diese freiwillige Entsagung, die sich wie ein Kind den Händen des barmherzigen Vaters überläßt, ist für die franziskanische Armut noch bestimmender als eine asketische Vorsorge gegen die Gefahren des Reichtums. Freilich ist Franziskus diesen gegenüber sehr hellsichtig, wie seine Worte an den Bischof von Assisi dartun: «*Besäßen wir Habe, so brauchten wir Waffen, um sie zu schützen.*

Denn aus dem Eigentum erwachsen die Streitigkeiten und die Rechtsverdrehungen, und hierdurch wird die Liebe zu Gott und zum Nächsten am häufigsten verletzt. Deshalb wollen wir keinerlei Eigentum in dieser Welt besitzen.» Doch wir müssen es wiederholen: Franziskus wird vor allem durch das Vorbild Christi geleitet, der nicht einmal «einen Stein hatte, wo er sein Haupt hinlegen konnte». Wie hätte Franziskus die Güter dieser Welt für sich beanspruchen können, wenn er seinen Geliebten in der Blöße von Krippe und Kreuz betrachtete?

Seine Liebe zur Armut wirkt denn auch so sensibel, daß sie nur wenige seiner Jünger völlig begreifen. Die Armut ist wahrhaftig die Dame seiner Träume: Donna povertà; er ist ihr Ritter und verteidigt sie so heftig wie ein Liebhaber. Seit der Ruf Christi in San Damiano an ihn erging, führt er ein Leben voller Entbehrungen, aber deren Bedeutung für das apostolische Leben wird ihm erst durch das Matthäusevangelium ganz erschlossen: «Ihr sollt kein Gold erwerben und kein Silber noch Münze für eure Gürtel; nehmt keinen Bettelsack mit auf den Weg, auch nicht zwei Röcke, keine Schuhe, keinen Stab ...» Der heilige Paulus bezeugt, daß er dieses Gebot befolgt, als er das Leben, welches er mit den Gefährten führt, den Korinthern schildert: «... bis zu dieser Stunde hungern wir und dürsten, sind von allem entblößt, müssen uns mißhandeln lassen, sind heimatlos; wir quälen uns ab mit unserer Hände Arbeit ... zum Kehrricht der Welt sind wir geworden ...»

Gestützt auf solche Beispiele gründet der heilige Franziskus einen apostolischen Orden, dessen Existenzbedingungen bis dahin unerhört waren. Vor der franziskanischen Regel lebten die Mönche in individueller Armut, besaßen aber gemeinsam Grundeigentum. Der neue Gesetzgeber verlangt nunmehr, daß seine Ordensleute weder Kollektiveigentum noch Einkommen haben dürfen; Gott selber wird für den Lebensunterhalt seiner Kinder sorgen! Diese Bestimmung erschreckte die römische Kurie und auch einen Teil der Ordensminister; Franziskus ließ sich aber durch alle diese Warnungen und Widerstände nicht beirren. Er erreichte, daß die Verpflichtung zur unbedingten Armut in der Ordensregel in vollem Umfange beibehalten wurde, und aus Ehrfurcht vor dem heiligen Evangelium hat kein Papst, kein Generalkapitel jenes feierliche 6. Kapitel jemals angetastet: «*Die Brüder sollen nichts als Eigentum erwerben, weder ein Gebäude noch einen Ort noch irgendeine andere Sache ... Dies ist jene Erhabenheit der höchsten Armut ... Sie soll euer Erbteil sein ... Ihr sollt ihr, meine inniggeliebten Brüder, mit ganzer Seele anhangen und um des Namens unseres Herrn Jesus Christus willen niemals etwas Anderes unter dem Himmel zu besitzen trachten.*» So stirbt er denn ohne irgendwelchen Besitz, ausgestreckt auf die nackte Erde, nachdem er seinen Leibrock seinem Oberen übergeben hat. Die heilige Klara mußte nach dem Tode ihres geistigen Vaters einen noch härteren Kampf um das Vorrecht der Armut führen; und sie ging ebenfalls siegreich daraus hervor.

Mystische Heirat des hl. Franziskus mit der Nächstenliebe, der Armut und der Demut. Von Pietro Ansano, gen. Pietro di Sano. Musée Condé, Chantilly

Man stelle sich nun aber nicht vor, daß diese Entäußerung sehr spürbar gewesen wäre. Mag auch die Tugend des Franziskus ganz ungewöhnlich sein, so befindet sich doch sein Leib in völligem Einklang mit seiner Seele. Die seraphische Armut schreitet nur deshalb zu dieser schrecklichen physischen Enteignung, weil sie bereits aus einer geistigen Enteignung besteht. Der Herr sagte nicht: «Selig sind die Armen», sondern: «Selig sind, die da geistig arm sind». Der heilige Franziskus gibt hierzu die folgende Erläuterung:

«Viele gibt es, die in Verrichtung von Gebeten und Gottesdiensten eifrig sind und ihrem Leib vieles Fasten und viele Abtötungen auferlegen, die aber an einem einzigen Wort, das ihrem lieben Ich Unrecht zu tun scheint, oder an einer beliebigen Sache, die man ihnen entzieht, Anstoß nehmen und darüber sofort in Aufregung geraten. Diese sind nicht arm im Geiste ...» Die wahre Armut besteht denn auch nicht in einem Verzicht auf sichtbare Güter, sondern in einer Abkehr von der Eigenliebe. Deshalb kann sie nicht ohne jene andere religiöse Tugend, den Gehorsam, auskommen. Der Gehorsam im Geiste stellt die größte Selbstentäußerung dar, da er das mißachtet, was uns am teuersten ist, nämlich unseren Eigenwillen. *«Jener Mensch verläßt alles, was er besitzt ... der sich selbst ganz in die Hände seines Oberen gibt, um ihm zu gehorchen.»*

Die Hingabe an die göttliche Vorsehung besteht also nicht aus einer mühelosen Trägheit, sondern im Gegenteil aus einer beschwerlichen Pflichterfüllung. Zur Selbstentäußerung gelangt man nicht ohne Askese. Franziskus verlangte daher Kasteiungen von seinen Söhnen, und seine eigenen Bußübungen grenzen ans Heldenhafte. Solch einer Methode eignet nichts spezifisch Franziskanisches; es ist die gleiche, wie sie die Weisen Griechenlands oder die Eremiten der ägyptischen Wüste anwandten. Franziskus trägt jedoch eine persönliche Note in sie hinein, da er auch in der Buße jenem Ideal treubleibt, das ihn zu allen Entbehrungen bestimmte: der Übereinstimmung mit dem leidenden Christus. Jesus hat das Kreuz gewählt, um seine Liebe zu beweisen; auch sein Jünger wird daher von der Liebe zum Kreuze überwältigt. «Ich wollte ja unter euch kein anderes Wissen zeigen als Jesus Christus, und zwar Jesus Christus, den Gekreuzigten», schrieb der heilige Paulus an die Korinther. An anderer Stelle erklärt der Apostel: «Wir alle tragen den Tod Jesu in unserem Leibe.» Die Maler pflegen gern den heiligen Franziskus am Fuße des Kreuzes darzustellen. Und der Gekreuzigte hat ihn in San Damiano angerufen, um ihn bis zum Alverna emporzuführen, wo er seine eigene Kreuzigung erleben sollte. Zwischen diesen beiden äußersten Daten meditierte er Tag für Tag über die Leiden des Erlösers und betete neben den Texten des Stundengebetes ein eigenes Gebet, das er zur Verehrung der Passion Christi zusammengestellt hatte.

Die Zuneigung des Franziskus zur Armut hat sich überdies als vollkommenste Nächstenliebe erwiesen, da er sich nicht mit einer abstrakten Verehrung der Tugend zufriedengab, sondern sich den

Franziskus schenkt einem Armen seinen Mantel. Von Giotto, Assisi

Armen zuwandte. «Wenn einer seinen Bruder, den er sieht, nicht liebt», lehrt der heilige Johannes, «so kann er auch Gott nicht lieben, den er nicht gesehen hat.» Schon Jesus hatte gesagt: «Was ihr dem kleinsten meiner Brüder getan habt, das habt ihr mir selber getan», und überdies jene furchtbare Warnung ausgesprochen: «Was ihr unterlassen habt, einem dieser Allerkleinsten anzutun, das habt ihr unterlassen, mir selber anzutun!» Wenn wir den entblößten und leidenden Christus lieben, so müssen wir ihn auch voller Ergriffenheit in allen Armen und Enterbten wiederfinden; für die franziskanische Seele ist die Liebe zur Armut untrennbar von der Liebe zu den Armen. Der Heilige, den man den Poverello, den kleinen Armen, genannt hat, konnte es nicht ertragen, wenn er einem begegnete, der ärmer war als er selber. Des öfteren wird in seinen Biographien erwähnt, wie er seinen Mantel herschenkte, ohne Rücksicht auf die Jahreszeit. *«Ich will kein Dieb sein»*, erläuterte er, *«wir bestehlen den großen Almosenspender im Himmel, wenn wir nicht denen etwas geben, die bedürftiger sind als wir.»* Schon gleich nach seiner Bekehrung, obwohl er damals so hart als Maurer zu arbeiten hat, zwingt er sich dazu, die Aussätzigen zu pflegen, weil sie am verlassensten sind; und er erfüllt diese Aufgabe mit übermenschlicher Geduld. Von dieser Fürsorge schloß er nicht einmal die Straßenräuber aus, und die *Fioretti* berichten uns hierzu die rührende Geschichte, wie drei aus dieser Zunft durch die überströmende Güte des Franziskus gewonnen wurden, sich bekehrten und in den Orden eintraten.

Vor allem aber hatten die Brüder die Aufgabe, das Reich Gottes zu verkünden; die Gottesliebe erweist sich als ihre beständigste Sorge. Als Jesus die Zeichen anführt, welche die Frohe Botschaft ankündigen, setzt er nach der Aufzählung der Wunder hinzu: «Die Armen sind zum Evangelium bekehrt.» Der Franziskaner ist der Volksprediger, und für das Volk schickt sich sein unmittelbares Wort, bar jeder Rhetorik.

Der heilige Franziskus und seine Brüder begannen damit, daß sie auf den öffentlichen Plätzen und zu ihren Arbeitskameraden auf den Feldern und Weinbergen von Gott sprachen; ihre Gutherzigkeit und ihr ärmlicher Aufzug ließen das Volk zu ihnen Vertrauen fassen, und ihm hielten sie die Treue, trotz aller Werbungen und Lockungen der Großen.

Geist der Freude

«Wenn ihr Fasten haltet, so blickt nicht trübselig drein ... Du aber, wenn du fastest, salbe dir das Haupt und wasche dir dein Gesicht!» So spricht das Evangelium. Trotz seiner Kasteiungen und Leiden trägt Franziskus eine strahlende Freude zur Schau. Sie verläßt ihn nie, selbst nicht in den schlimmsten Augenblicken. Die drei Gefährten erzählen uns, daß er bald nach seiner Bekehrung an einem Wintertage singend seines Weges zog. Da machten sich Räuber an ihn heran und fragten ihn: «Wer bist du?» «Ich bin der Herold des großen Königs», erwiderte er. Wenig befriedigt über diese Antwort, verprügeln ihn die Wegelagerer und werfen ihn in einen Graben voller Schnee. Zerschunden und halb erfroren, klettert er wieder auf die Straße und zieht singend weiter.

Er war eine fröhliche Natur und liebenswürdig im Umgang; zunächst war es sein Wunsch gewesen, Troubadour zu werden. Und doch reicht das als Erklärung hier nicht aus. Die Bekehrung hatte Franziskus seine Unwürdigkeit und Schwäche erkennen lassen, und die Gefühle, die er gegen sich selber hegte, waren von erschreckender Strenge; rings um sich her sah er nichts als Leiden und Haß, wußte Gott geschmäht und mißachtet: «Die Liebe wird nicht geliebt!» Eine so empfindsame Seele wie die seine konnte bei allem Optimismus in solch einer Not nicht den geringsten Anlaß zum Frohlocken erblicken. Die Freude, die Franziskus ständig bekundete, ist wahrhaftig eine Tugend; sie gründet sich auf ein übernatürliches Fundament. Von ihr spricht Christus in seiner Rede nach dem Abendmahl, wenn er zum Vater sagt: «Nun komme ich zu dir und spreche dies ..., damit meine Freude vollkommen in ihnen sei.» Sie ist kein zufälliges Aufsprudeln, sondern ein hart erkämpfter Sieg. Deshalb legt sie der heilige Paulus den Christen so dringend ans Herz: «Freuet euch ständig im Herrn!»

Nach dem Zeugnis Celanos war denn auch Franziskus bestrebt, «die göttliche Freude zu bewahren, innerlich wie äußerlich». Diese Freude verträgt sich mit seinem inneren Leiden und dem Bewußtsein seines Elends und ist ständig mit ihnen verbunden. Er kann es nicht dulden, wenn sie aus einer rein sinnenhaften Befriedigung besteht. Als er eines Tages seinen Mantel verschenkt, erscheint ihm die Freude, die er darüber empfindet, allzu selbstgefällig; demütig klagt er sich deswegen vor den Anwesenden an. Solch eine edle und überschäumende Fröhlichkeit verlangte häufig nach Ausdruck im Gesange. Und wenn er die andrängende Flut nicht mehr zurückhalten konnte, pflegte er zwei Stöcke zu nehmen, den einen als Fiedel, den anderen als Bogen, und rieb sie gegeneinander, um seine Jubelschreie zu begleiten. Diesen Überschwang findet man des öfteren in der franziskanischen Liturgie wieder: Ihre Melodien verweilen zunächst in tiefen Tonlagen, um sich dann auf einmal zu Noten emporzuschwingen, deren Höhe kaum erreichbar ist, worauf sie wieder in einen feierlichen und gravitätischen Ton zurückfallen. Es ist auch kein Zufall, daß man die beiden ergreifenden Sequenzen der römischen Liturgie: Dies irae und Stabat Mater den beiden Minderbrüdern Thomas von Celano und Jacopone da Todi zuschreibt; durch ihre düsteren Beschwörungen spürt man wie ein Leitmotiv die rührende Milde einer Seele hindurch, die in der seraphischen Freude ihren Halt gefunden hat. Schon vor seinen Jüngern und mit noch größerer Inbrunst empfand Franziskus diese Verzückung am Tage des Zorns, als er, blind und gelähmt, einsam und verlassen im Garten von San Damiano, jenen von Liebe erfüllten Lobgesang an *Frater Sol* dichtete; und als er dann den letzten Kampf gegen den Tod bestand, stieg wiederum ein Triumphlied gen Himmel. So erwies er sich wahrhaftig als Herold des großen Königs, der angesichts der Welt mit lauter Stimme den Namen Gottes verkündet.

Weltgefühl

Diese beständige und überströmende seraphische Freude, die sich auf die unschätzbare Gnade der Gotteskindschaft und der Bruderschaft mit Christus gründet, nährt sich vor allem aus der Natur. Nicht nur wegen der Gnadengaben, die ihm durch die allgemeine Erlösung und in seinem persönlichen Lebensschicksal zuteil wurden, empfindet Franziskus eine glühende Dankbarkeit, sondern auch wegen des Schauspiels der sichtbaren Welt, das sich so freigebig unserer Betrachtung darbietet: «Der selige Franziskus», heißt es im *Speculum*, «erkannte durchaus Gottes Güte nicht nur in seiner Seele ... sondern ebenso in jeder Kreatur.» Die Geschöpfe erschienen ihm als Spiegel der göttlichen Vollkommenheiten; er entdeckte in ihnen, wie Celano sagt, «die Weisheit, die Macht und die Güte des Schöpfers». Man hat in dieser Hinsicht zu stark das Neue betont, das er gebracht habe. Er kannte die Schrift in allen Einzelheiten und konnte sich an den großartigen kosmischen Lobgesängen der Hebräer begeistern: etwa am Gesange der drei Jünglinge im Feuerofen: «All' ihr Werke des Herrn, preiset den Herrn ... Preiset den Herrn, Sonne und Mond, preiset ihn, Sterne am Himmel ...», oder im 148. Psalm: «Lobpreist den Herrn, Sonne und Mond, lobpreist ihn, alle ihr hellen Sterne ... Feuer, Hagel, Schnee und Eis ... Ihr Berge und Hügel ... ihr Drachen und Abgründe ... Lobpreist den Herrn!» oder auch an dem großen Halleluja: «Preiset den Herrn, denn seine Güte währet ewiglich: Er hat die Sonne erschaffen, damit sie herrsche über den Tag, und Sterne und Mond, damit sie herrschen über die Nacht ...» Alle diese Verse psalmodierte Franziskus im Chor mit seinen Brüdern und labte sich an ihnen. Als er dann selber eine Lobeshymne auf den Weltenschöpfer ersann, läßt sich kaum vorstellen, daß sie ihm nicht gegenwärtig waren.

Der Poverello geht indessen noch weiter als der Psalmist. Er erwähnt nie alle diese Wunder, an denen sich seine Augen erfreuen, ohne sie als Brüder und Schwestern anzureden. Der Ton der Anrufung wird auf diese Weise völlig verwandelt, da sich dadurch solch eine Vertraulichkeit mit den Werken Gottes einstellt: *«Gepriesen seist Du, o Herr, für unsere Schwester Mond ... Gepriesen seist Du, o Herr, für unseren Bruder Wind ... für unseren Bruder Feuer ... für unsere Mutter Erde ...»* Und diese Brüderlichkeit, die sich nicht in den Psalmen findet, ist in keiner Weise verschroben und sentimental; sie beruht auf dem Wissen von der Universalität der Erlösung. Die Schätze der Natur sind nicht nur schön, weil sie der Vater erschaffen hat, wie es das Alte Testament feststellte; sie sind zugleich liebenswert, weil sie vom Sohn geheiligt wurden und die Verheißung der ewigen Herrlichkeit empfingen. «Siehe, ich mache alle Dinge neu», verkündet der Christus der Geheimen Offenbarung. Der heilige Paulus aber schreibt an die Kolosser, Gott habe durch Christus «alle Geschöpfe im Himmel und auf Erden» mit sich versöhnt, und den Ephesern erklärt er, der Wille Gottes, der sich in der Fülle der Zeiten erfüllen werde, gehe dahin, «daß alles wieder ... unter Christus vereinigt werde, was auf Erden und im Himmel ist». So kann er denn auch feststellen, daß jedes Geschöpf Gottes gut sei, und daß man nichts von dem, was mit Danksagung empfangen werde, verwerfen dürfe; werde doch alles durch das göttliche Wort und das Gebet geheiligt. Das ist der äußerste Gegensatz zum Buddhismus, zu den Manichäern und Jansenisten: Gott hat uns nichts gegeben, was

Assisi

nicht ein Gut wäre; wenn wir dem Kreatürlichen entsagen müssen, so liegt das an unserer eigenen Schlechtigkeit; die Askese ist nur vorübergehend und dauert so lange wie unsere Selbstsucht.

Franziskus eignet sich in seiner Selbstentäußerung nichts auf Erden an, das nicht der Herrlichkeit Gottes diente. Ständig bezeugt er der Kreatur die Liebe und Dankbarkeit, die er für den Schöpfer empfindet. Nicht nur in Lobgesängen äußert sich diese kosmische Leidenschaft, sondern ebenso in allen Begegnungen mit den bescheidenen Geschöpfen des Alltagslebens. Celano hat uns sein Entzücken über die italienischen Landschaften, seine naive Bewunderung für Blumen und Sterne geschildert. «Sein Herz», sagt er, «erschloß die Geheimnisse der Geschöpfe.» Und die Geschöpfe reagieren ihrerseits auf ihren Bewunderer. Er ermahnte die Vögel, den Herrn lobzupreisen, und die Vögel singen ohne Unterlaß. Er stellt einen Wolf zur Rede, der die Herden überfällt, und der Wolf wird sanft wie ein Lamm. Er bittet das glühende Eisen, ihn zu verschonen, und das Eisen brennt ihn, ohne daß er Schmerzen verspürt. Die Biographen berichten zahllose Anekdoten, aus denen hervorgeht, daß die sichtbare Welt durch den heiligen Poeten gleichsam verzaubert wurde.

Die Natur offenbarte ihm vor allem die Mysterien Christi. Um wieder mit Celano zu reden, gewahrte er in ihr «eine symbolische Ähnlichkeit mit dem Gottessohn». Da der Psalmist eine Prophezeiung ausspricht, in der er Christus mit einem Wurm vergleicht, hegte Franziskus gegen die Würmer besonders zärtliche Gefühle und sammelte sie auf der Straße auf, um sie in Sicherheit zu bringen. Da Johannes der Täufer Jesus das Lamm Gottes nennt und Isaias den Erlöser mit einem Lamm vergleicht, das man zur Schlachtbank führt, überkamen ihn fromme Schauer, wenn er Lämmer erblickte, und beweinte er ihren Tod. Für Feuer und Wasser empfand er eine Ehrfurcht, die Kenner der Schrift nicht als übertrieben ansehen werden, denn Christus spricht vom Licht der Welt und vom Quell des lebendigen Wassers, das für das ewige Leben fließt. Wenn wir durch die Sünde unfähig geworden sind, über die Kreatur echte Freude zu empfinden, so hat uns Gott seinen Sohn gesandt, um das Werk der Sünde zunichte zu machen. Und um uns so recht vor Augen zu führen, daß das Fleisch gut ist, «ist das Wort Fleisch geworden und hat unter uns gewohnt». In Christus, dem Gottmenschen, ist die sichtbare Schöpfung verklärt, die Welt geheiligt, die Menschheit vergöttlicht. Deshalb erscheint Franziskus die Inkarnation als der eigentliche Schlüssel zum christlichen Mysterium.

Das Franziskanertum ist eine Lehre der Versöhnung von Natur und Gnade; deshalb gewinnt für es der menschgewordene Christus eine Bedeutung, die ihren liturgischen und theologischen Ausdruck findet. Weihnachten war für den heiligen Franziskus das Fest aller Feste; er untersagte Bußübungen an diesem Tage und bat sogar die Landleute (stets im Geiste jener universalen Demut), ihre Tiere mit einer doppelten Ration zu versorgen. Er erneuerte auch jene Darstellung der Krippe mit ihren Tieren, die im christlichen Abendland seither so zu Ehren gelangt ist. Die Inkarnation des Gotteswortes bildete sich in der franziskanischen theologischen Schule zum Mittelpunkt der Lehre heraus; die ganze Christologie eines Duns Scotus, dieses maßgeblichen Lehrers des seraphischen Ordens, wird durch sie bestimmt. Die Verehrung, die dem Leibe des Erlösers gezollt wird, strahlt auch auf die franziskanische Askese aus; die Achtung, die Franziskus dem menschlichen Leibe erweist, zeigt sich in der Regel, die als erste körperliche Züchtigungen ausgeschlossen hat: der Heilige wachte selber darüber, daß in den Bußübungen sorgsam das erforderliche Maß eingehalten wurde. Entsprang das dem Bemühen um menschliche Ausgewogenheit? Zweifellos. Aber auch der Ehrfurcht vor der geheiligten Menschheit. «*Bedenke, o Mensch*», schreibt er, «*in welch erhabene Würde Gott dich eingesetzt hat, da er dich dem Leibe nach zum Bilde seines geliebten Sohnes und dem Geiste nach zu seinem eigenen Gleichnis erschaffen und gestaltet hat!*» Freilich war auch er in den Kasteiungen unerbittlich, die er sich antat: aber das geschah in der Nachfolge seines Erlösers. Unter Berufung auf den heiligen Paulus lehrt er: «*... in dem Einen können wir ‹uns rühmen: in unseren Schwachheiten› und, wenn wir täglich das heilige Kreuz unseres Herrn Jesus Christus tragen.*» Doch am Ende seines Lebens ist er bereit, den *Bruder Esel*, wie er ihn nannte, das heißt seinen Leib, in Frieden zu lassen. Als ihn ein Bruder streng darauf hinwies, wie sehr er diesen getreuen und ergebenen Diener mißhandelt habe, besänftigte ihn Franziskus mit den Worten: «*Freue dich, mein Bruder Leib, und verzeih mir; ich bin jetzt bereit, deine Wünsche zu erfüllen, und werde mich bemühen, alles zu tun, was du nötig hast.*»

Die Botschaft des heiligen Franziskus lautet, daß alles liebenswert ist, und daß man in der Liebe nicht geizen darf. Wenn unsere unumschränkte Liebe Christus gehört, so gebührt sie auch allen unseren Brüdern, die nach dem Bilde Christi erschaffen wurden, und allen irdischen Geschöpfen, die damit betraut wurden, uns zu Christus zu führen. So will es die Ordnung, die der heilige Paulus wie folgt umschrieben hat: «Alles ist euer, ihr aber seid Christi, und Christus ist Gottes.»

DIE FRANZISKANISCHE DESZENDENZ

Der Franziskanerorden: Seine innere Entwicklung

Weit eindringlicher als alle Manuskripte und alle alten Klöster offenbart den französischen Geist die lebendige Gegenwart jener Männer und Frauen, die Franziskus derart liebten und auf ihn hörten, daß sie ein Leben lebten – jenes gewaltige Gebäude, das sich aus lebenden Bausteinen zusammensetzt, jenes stets aufgeschlagene Buch, dessen Seiten aus Tugenden und religiösen Taten bestehen. Freilich haben nur wenige Franziskaner jene Frömmigkeit und Vollendung erlangt, die der Ordensstifter erreichte. Von einigen, wie Konrad von Offida oder Petrus von Alcantara, läßt sich behaupten, daß sie gleichsam als Wiederverkörperung des seraphischen Vaters wirkten. Bei allen indessen – in den Biographien der Verstorbenen ebenso wie in dem Schauspiel, das die Lebenden bieten – spürt man etwas von jenem Fluidum, das dieses Genie der Freude und der Armut hinterlassen hat: etwas Gütiges, Wärmendes, Liebevolles, das einzig in seiner Art ist. Wenn wir daher danach ausschauen, welche Spuren vom Ideal des heiligen Franziskus verblieben sind, müssen wir uns in erster Linie an die Menschen halten und sie nach ihrem Leben befragen.

Die Regel der Minderbrüder ist ohne jede Präzision, wenn es darum geht, die Einzelheiten des klösterlichen und apostolischen Lebens zu kennzeichnen; zugleich erweist sich das Ideal, das sie anbietet, als so hochstehend, daß es sich schwer verwirklichen läßt. Aus diesem zwiefachen Grunde gewinnt man vom Franziskanerorden den Eindruck, daß das Ordensleben in ihm die höchsten Ausdrucksmöglichkeiten findet, daß aber auch, wenn man von den Anforderungen des Gründers ausgeht, zwischen Ziel und konkreter Wirklichkeit stets ein ärgerniserregender Zwischenraum klafft. Daraus erklärt sich, daß die franziskanische Gemeinschaft zu allen Zeiten in ein gewisses Mittelmaß zurückzusinken scheint, während die frommen Ordensleute unablässig eine strengere Observanz der Regel ersehnen. Keine andere religiöse Familie sehnt sich im Laufe ihrer Geschichte nach einer so vollkommenen Übereinstimmung mit der väterlichen Lehre hin; keine, wenn man von den Kindern des heiligen Benedikt absieht, hat so viele Spaltungen und Erneuerungsbewegungen in ihrer Mitte erlebt. Manche Orden, wie die Dominikaner und die Jesuiten, haben sich von Anfang an genau an den Willen ihres Gründers gehalten. Anderen, die in Lauheit und Erschlaffung versunken waren, wurde eine Reform zuteil, die einer Rückkehr zu einer gesunden Betätigung des religiösen Lebens gleichkam. Die franziskanische Frömmigkeit hat jedoch ständig Menschen erweckt, die den Heroismus eines an den Grenzen der menschlichen Widerstandskraft sich abspielenden Lebens erproben wollten. Jedesmal ereignete sich, was die Geschichte des Gründers bereits gezeigt und vorweggenommen hatte:

die Heiligkeit der ersten Gemeinschaft vermochte sich nicht der großen Zahl der Jünger mitzuteilen, die von ihrem Ruf angelockt worden waren.

Dieses Problem ist eigentlich das erregende Moment, das die Geschichte des Ordens befruchtet und zugleich belastet hat. Einige Jahrzehnte nach dem Tode des Heiligen stehen sich zwei Parteien gegenüber: die «Eiferer», auch Spiritualen genannt, fordern die buchstäbliche Beobachtung der Regel und geben seinem Testament eine Bedeutung, die es nach dem ausdrücklichen Willen des heiligen Franziskus nicht haben sollte; die anderen verlangen von Rom Privilegien, die ihr Leben erleichtern konnten, und drängen mehr auf Angleichung an die alten Orden. Bei beiden Parteien kam es zu einer Radikalisierung; die Ordensbrüder der ersten Richtung gerieten auf Abwege durch ihre Hoffart, die der zweiten durch ihre Gewalttätigkeit. Die einen gingen dazu über, die Regel offen zu übertreten, wobei sie von zahlreichen Ministern und von Kardinälen der römischen Kurie unterstützt wurden; sie erklärten die Ordensgebote für undurchführbar und paßten sie immer mehr ihrer Laxheit an. Die anderen verweigerten jeden Gehorsam und versanken im Individualismus; sie waren der Meinung, sie allein seien von Gott erleuchtet und vom Geiste der Regel erfüllt. Daher nannten sie sich auch (und das in einer sehr unfranziskanischen Überheblichkeit, die sie vielleicht von jenen stolzen Katharern gelernt hatten, deren Nachfahren sie in manchem waren) die Spiritualen, d. h. die vom Geist Erfüllten.

Es war ein Glück für das Schicksal des Ordens, daß beide Parteien innerhalb des weltweiten Ordens nur eine Minderheit waren. In den meisten Provinzen desselben, vor allem außerhalb Italiens, Südfrankreich ausgenommen, blieb die Mehrheit der Brüder dabei, dem heiligen Franziskus die Treue zu halten. Sie war bereit, sich uneingeschränkt der endgültigen Regel zu unterwerfen, dem einzigen von der Kirche sanktionierten Ordensgesetz. Infolgedessen verwarf sie auch jederlei Kompromiß mit dem Gebote der Armut, respektierte aber andererseits die Vielfalt der Berufungen und ließ Einsiedeleien ebenso zu wie die großen städtischen Klöster. Zu dieser gemäßigten Richtung gehörten bedeutende Persönlichkeiten, vor allem Gelehrte und Universitätslehrer wie Alexander von Hales, Johannes de Rupella und Richardus Rufus. Vor allem waren die Generalminister des Ordens, nachdem der Streit insbesondere in Mittelitalien und in Südfrankreich, den alten Heimstätten der Ketzer in dieser Zeit, entbrannt war, darauf bedacht, dem Frieden zu dienen und das Wohl des Gesamtordens zu wahren. Obwohl sie dabei vor einer gewaltigen Aufgabe standen, waren sie nach Kräften bemüht, Mißbräuche auf der Rechten und Linken zu unterdrücken und die Einheit des Ordens zu wahren. Die beachtlichste Leistung in dieser Hinsicht vollbrachte der heilige Bonaventura, Ordensgeneral von 1257 bis 1274, der den Beinamen eines zweiten Gründers des Franziskanerordens erhielt; er veranlaßte, daß im Jahre 1260 die Generalstatuten von Narbonne Annahme fanden: Erläuterungen der Regel, die deren konkrete und infolgedessen auch allgemeine Anwendung ermöglichten; so wurden beispielsweise Form und Farbe des Ordenskleides festgelegt. Gegen Ende des 13. Jahrhunderts hatte infolgedessen der Orden der Minderbrüder seine bedrohte Einheit erneut befestigt. Nach seiner Umorganisation konnte er als die imposanteste religiöse Ordensgemeinschaft der Christenheit gelten; der Heilige Stuhl griff immer wieder auf ihn zurück, um die Ämter von Kardinälen, Bischöfen, Legaten, Pönitentiaren und sogar Inquisitoren mit Minderbrüdern zu besetzen. Freilich waren die Spiritualen noch immer ein sehr unruhiges Element, doch darf man nicht übersehen, daß nur einige, wie Angelus Clarenus und Hubertin von Casale, zu den Rebellen und Verleumdern zählten, während andere, wie Konrad von Offida und Petrus Johannis Olivi, ein heiligmäßiges Leben führten, gesunden Menschenverstand bewiesen und den kirchlichen Autoritäten demütig ergeben waren. Drei Abspaltungen des Ordens, die aus der Bewegung der Spiritualen hervorgingen, führten nur eine Eintagsexistenz: die Cäsariner, die sich auf Cäsar von Speyer beriefen, wurden vom Ordensgeneral Johannes von Parma, dem Vorgänger des heiligen Bonaventura, aufgelöst; die Cölestiner, die Papst Coelestin V. im Jahre 1294 genehmigt hatte, erlebten ihre Aufhebung durch Bonifaz VIII.; die Klarener, die 1302 gegründet wurden, hatten nur wenig Zulauf und erloschen im nächsten Jahrhundert, nachdem sie schon in Vergessenheit geraten waren. So sah es aus, als werde der franziskanische Baum fortan mit seinen wieder grünenden Zweigen aufrecht gen Himmel wachsen. Jedoch das neue Jahrhundert sollte eine unheilbare Spaltung zwischen den Brüdern einleiten.

Die erste Hälfte des 14. Jahrhunderts barg Gefahren, die für die Familie des heiligen Franziskus leicht hätten tödlich werden können. Mißbräuche bildeten sich aus. Es war üblich geworden, daß die Brüder, entgegen den ausdrücklichen Vorschriften der Regel und in den meisten Fällen mit Hilfe von Strohmännern, Benefizien und Prälaturen einheimsten. Die Päpste waren schwach, und den Ordensgeneralen fehlte es an Wachsamkeit: innerhalb von 100 Jahren zählte man nicht weniger als 568 franziskanische Bischöfe, die fast alle keine wirkliche Diözese verwalteten. In den Bullensammlungen jener Zeit trifft man immer wieder auf die Namen von Minoriten, die durch den Heiligen Stuhl von den Pflichten der heiligen Armut entbunden sind. Die Ordensleute, bei denen das nicht der Fall ist, folgen diesem Beispiel und nehmen Geschenke und Erbschaften entgegen. Während auf diese Weise die Qualität durch die Erschlaffung der Sitten absinkt, wird der Orden durch Kriege und Seuchen auch zahlenmäßig reduziert. Der schwarze Tod, der in den Jahren 1347 und 1348 Europa heimsuchte, raffte ihn zum größten Teil dahin. Allein in Italien starben dreißigtausend Minoriten an der Pest; in Marseille blieb von hundertundfünfzig Ordensangehörigen kein einziger mehr übrig.

Inmitten dieser Drangsale entstand die Observanz. Im Jahre 1334 erhielt Johannes della Valle vom Ordensgeneral Geraldus

Odonis die Erlaubnis, sich in das Kloster von Brogliano bei Foligno zurückzuziehen, um dort in vollkommener Armut zu leben. Sein Werk wurde durch Gentilis von Spello und sodann durch Paul von Trinci († 1390) fortgeführt, welch letzterer die Reform auf fünfzehn weitere Klöster ausdehnte; der Ordensgeneral Heinrich Alfieri betraute ihn mit der Oberaufsicht über alle reformierten Klöster. Damit war die Einheit der Observanten anerkannt; diesen Namen gaben sich die Ordensleute, welche die getreue Befolgung der Regel verband. Schon 1397 führte Petrus von Villacreces die Observanz in Spanien ein; im Jahre 1417 ist sie in Frankreich soweit konsolidiert, daß ein Generalvikar (Nicolas Rodulphe) an ihre Spitze tritt. Um die gleiche Zeit, fast ein Jahrhundert nachdem Johannes della Valle den ersten Ansporn gegeben hatte, erfährt die Bewegung einen erstaunlichen Aufschwung, was vor allem dem heiligen Bernhardin von Siena und seinen drei großen Schülern, dem heiligen Johannes von Kapistran, dem heiligen Jakob von der Mark und dem seligen Albert von Sartano, zu verdanken war. Der Orden ist nunmehr regelrecht in zwei etwa gleichstarke Lager aufgespalten, jedoch wählten nur die Konventualen den Ordensgeneral; bei diesem waren die Observanten durch zwei Generalvikare vertreten, von denen der eine für die «cismontane Familie», das heißt damals Italien, der andere für die «ultramontane Familie», das heißt die Nationen jenseits der Alpen, zuständig war. Da die Kluft zwischen den beiden Richtungen immer größer wurde und die Observanten sich darüber beklagten, daß sie von den Ministern, die Konventualen waren, behindert oder zum mindesten nicht gefördert würden, schritt Papst

Cäsariner

Klarener

Leo X. im Jahre 1517 zu einer radikalen Maßnahme: er verlieh den Observanten das Recht, selber einen General zu wählen und den Namen «Minderbrüder» zu führen. Die Konventualen bildeten fortan eine getrennte Körperschaft und wurden einem Generalmagister unterstellt. Die Bulle *Ite et vos*, die den Bruch sanktionierte und die Observanz als die rechtmäßige Erbin des ursprünglichen Ordens anerkannte, vereinigte zugleich mit dieser drei reformierte Vereinigungen von geringerer Bedeutung: die in Deutschland und Frankreich verbreiteten Koletaner, Jünger der heiligen Koleta von Corbie; die im Jahre 1460 vom seligen Amadeus von Sylva in Portugal gegründeten Amadeer, und die Diskalzeaten oder Unbeschuhten, die sich von dem seligen Johannes von Guadelupe herleiteten. Es gab somit innerhalb des Franziskanerordens keine Spaltungen mehr; statt dessen waren zwei autonome Ordensgemeinschaften entstanden.

Dieser Zustand hielt nicht lange an. Das religiöse Leben, wie es die Observanten in strenger Armut und mit apostolischem Eifer führten, genügte nicht allen. Manche wiesen darauf hin, daß diese auf den heiligen Bonaventura und den heiligen Bernhardin zurückgehende Lebensweise von der des heiligen Franziskus und seiner ersten Gefährten abweiche. In dreifacher Hinsicht traten sie daher für eine Rückkehr zu den Ursprüngen ein: sie wünschten die Aufgabe der großen städtischen Klöster zu Gunsten der Einsiedeleien, die Abschaffung der theologischen Studien und eine Abänderung des vom heiligen Bonaventura eingeführten Ordenskleides. Im Jahre 1525 erhielt Matthäus de Bassi, ein Minderbruder aus der Mark Ancona, vom Papst die Genehmigung, dieses Programm durchzuführen. Viele

Observant

Konventual

eiferten ihm nach: wegen ihrer spitzen Kapuzen nannte man sie die Kapuziner. Da sie wegen ihrer Loslösungsbestrebungen von den Observanten schlecht behandelt wurden, ersuchten sie den Papst, sie von deren Jurisdiktion zu befreien. Durch die Bulle *Zelus religionis* (1528) entsprach Klemens VII. ihrer Bitte, unterstellte sie jedoch dem General der Konventualen. Im folgenden Jahr gaben sie sich ihr Statut. Sie mußten indessen noch fast ein Jahrhundert warten, bis sie ihre völlige Unabhängigkeit erlangten; dazu kam es erst im Jahre 1619, als die Kapuziner das Recht erhielten, ihren eigenen Ordensgeneral zu wählen.

Neben der Kapuzinerreform erlebte der Franziskanerorden im 16. Jahrhundert drei andere Bewegungen größeren Ausmaßes, die aber, statt das Schisma zu wählen, im Rahmen einer weitgehenden Autonomie innerhalb der Observanz verblieben. Es waren das nacheinander: die Reformaten, die sich im Jahre 1526 organisierten und vor allem in Italien, Österreich und Polen verbreiteten; die Alcantariner, Nachfolger der Unbeschuhten des Johannes von Guadelupe, die ebenfalls ohne Sandalen gingen und vom heiligen Petrus von Alcantara im Jahre 1557 gegründet wurden (sie hatten ihre Niederlassungen auf der iberischen Halbinsel und in Lateinamerika); die Rekollekten, die im Jahre 1590 ihre erste Kustodie (Unterabteilung einer Ordensprovinz) erhielten und von Frankreich aus nach Belgien und Deutschland vordrangen. Diese drei Ordensfamilien, die sich besondere Statuten auferlegten, erstrebten eine äußerst strenge Anwendung der Regel, vor allem hinsichtlich des Gebotes der Armut; überdies fügten sie eigene Vorschriften hinzu, wie das obligatorische Gebet und die ständige Abstinenz. Sie waren durchaus lebenskräftig. Jedoch haben sich im Laufe der Jahrhunderte die Unterschiede bis auf bestimmte Äußerlichkeiten verwischt. Darum vereinigte Leo XIII. durch seine Bulle *Felicitate quadam* im Jahre 1897 die vier Familien wieder zu einem einzigen Orden, der den alten Namen «Orden der Minderbrüder» erhielt, wobei alle Unterschiede fallengelassen wurden. Daß diese Maßnahme manchen nicht gefiel, ist nicht verwunderlich; sie hat sich aber für den Gesamtorden sehr fruchtbar ausgewirkt.

Gegenwärtig besteht also der Orden des heiligen Franziskus in Wahrheit aus drei klösterlichen Orden: den Minderbrüdern (O. F. M.), die für gewöhnlich Franziskaner genannt werden, den Konventualen (O. F. M. Conv.), heute in Deutschland vielfach Minoriten genannt, und den Kapuzinern (O. M. C. oder O. F. M. Cap.). Ihre Lebensführung unterscheidet sich faktisch kaum voneinander. Die Kapuziner haben nach und nach die Privilegien aufgegeben, die der Anlaß für ihre Abspaltung waren: sie leben wieder in Klöstern, besitzen Bibliotheken und treiben theologische Studien, da sie ja Priester und sogar Gelehrte ausbilden. Im großen und ganzen entspricht ihr Statut dem der Franziskaner, wenn man davon absieht, daß sie sich beim Bau ihrer Klöster, den Ausmaßen ihrer Kirchen, den Utensilien ihrer Refektorien größere Einschränkungen auferlegen. Was das Eigentum betrifft, so beachten die beiden verwandten Orden buchstäblich die Regel des heiligen Franziskus. Ihre Klöster gehören nicht dem Orden, sondern Grundstücksgesellschaften, die in der Regel von Freunden des Ordens verwaltet werden; hingegen sind die Konventualen Eigentümer ihrer beweglichen und unbeweglichen Habe.

Leicht läßt sich am Habit erkennen, welchem Orden einer dieser Mönche angehört. Die Konventualen besitzen namentlich in Italien und in Mitteleuropa Niederlassungen; in Assisi bewohnen sie den weiträumigen Sacro Convento, der sich an die Patriarchalbasilika anschließt. Sie tragen ein Gewand aus schwarzer Wolle und Schuhwerk; ihre Kapuze ist an einem Umhang befestigt, der über die Schulter fällt. Franziskaner und Kapuziner gehen in braunen Kutten, mit Sandalen als Fußbekleidung; der Kapuziner hat den Bart beibehalten, ein Andenken an das Einsiedlerleben; seine lange Kapuze ist unmittelbar auf die Kutte aufgenäht. Hingegen ist beim Franziskaner die kurze und steife Kapuze an einem auswechselbaren Umhang befestigt, der spitz zulaufend über die Schulter hängt. Im übrigen stimmen Ordensregiment, Tageslauf und Formen des Apostolats in den drei Familien weitgehend überein. Wie in allen großen Orden, gliedern sich ihre Angehörigen in zwei Gruppen: die Priester, Patres genannt, die mit den apostolischen Aufgaben betraut sind, und die Laienbrüder, die Fratres heißen (obwohl alle ein Recht auf diesen Namen haben) und als Köche, Wäscher, Gärtner usw. für die leiblichen Bedürfnisse des Klosters sorgen. Durch den Bedarf an Predigern und Beichtvätern ist die Berufung zum Eremiten auf ein

Minderbruder (Kapuziner) mit und ohne Mantel

Mindestmaß beschränkt, doch findet man noch eine gewisse Anzahl von Einsiedlern, vor allem in Italien in den *Ritiri*, die einstmals von Franziskus und seinen ersten Jüngern bewohnt wurden. Auch in Frankreich haben die Minderbrüder das Einsiedlerleben im Klösterchen von La Cordelle bei Vézelay neu zu Ehren gebracht und diese erste Eremitage der Franziskaner in Frankreich mit eigenen Händen wieder aufgebaut.

Im Laufe der Jahrhunderte hat die Entwicklung des Ordens allerhand Schwankungen durchgemacht. Die Zahl der Franziskaner, die im Gründungsjahre 1209 zwölf betrug, erreicht zehn Jahre später schon 5000, steigt im Jahre 1300 auf 40 000 und im Jahre 1500 auf 60 000 an, um am Vorabend der Französischen Revolution die Hunderttausend zu überschreiten. Nachdem der Orden, wie wir gesehen haben, siegreich aus der Hekatombe des 14. Jahrhunderts hervorgegangen war, mußte er noch zwei schwere Stürme überwinden: jene Wirren, die Europa zwischen 1790 und 1815, und die Italien, Deutschland und Frankreich in der zweiten Hälfte des 19. Jahrhunderts heimsuchten. Seit 1900 hat er seine Mitgliederzahl verdoppelt; mit seinen 45 000 Ordensleuten ist er der zahlreichste Orden der Christenheit (vor den Jesuiten mit 33 000, den Salesianern mit 17 000, den Benediktinern mit 11 000). Die Konventualen kommen an 5000 heran; die Kapuziner, die gegenwärtig unter der Leitung des hochwürdigsten Paters Clemens von Milwaukee stehen, zählen 1160 Klöster und mehr als 15 000 Ordensleute, die in 61 Provinzen aufgegliedert sind; darunter fallen 1100 Missionare, die in 45 Missionsgebieten das Evangelium verkünden. Die Franziskaner schließlich – ihr Ordensgeneral ist gegenwärtig ein Franzose, der hochwürdigste Pater Augustin Sépinski – kommen auf 2400 Klöster und 26 000 Ordensangehörige (von denen 6200 in Italien und 3400 in den Vereinigten Staaten leben), die zu 92 Provinzen und Kustodien gehören; unter ihnen sind 2000 Missionare in 104 Missionsgebieten tätig. In sieben Jahrhunderten schenkte der Orden des heiligen Franziskus der Kirche 2500 Bischöfe, 90 Kardinäle und 5 Päpste. In unserer Zeit, in der der Weltklerus solch eine Bedeutung erlangt hat, scheint es auf solch einen Dienst weit weniger anzukommen. Zu Beginn des Jahrhunderts zählte das Heilige Kollegium noch drei Minoriten und einen Kapuziner; heute ist kein Sohn des heiligen Franziskus mehr darin vertreten. Die Franziskaner stellen indessen als Hüter der Heiligen Stätten traditionsgemäß den lateinischen Patriarchen von Jerusalem.

Auch der Orden der Armen Frauen entwickelte sich nicht ohne Veränderungen und Umwälzungen, doch nahmen hier die Geschehnisse nicht den gleichen dramatischen Verlauf. In den aktiven, stark zentralisierten Ordensgemeinschaften bedeutet ja jeder lokale Wechsel eine Gefahr für die Einheit und das Funktionieren des Ganzen. Hingegen lassen sich in kontemplativen Vereinigungen, in denen die einzelnen Klöster weitgehend autonom sind, Milderungen, Reformen und Gründungen persönlicher Prägung reibungslos verwirklichen. Das war im Orden der heiligen Klara ebenso der Fall wie bei

Das Refektorium der Armen Frauen in San Damiano. Ein Blumenstrauß bezeichnet den Platz der hl. Klara

den Benediktinern. Die Veränderungen vollzogen sich hier stets ohne Kämpfe oder zumindest doch ohne jene schmerzliche Rivalität, die Jahrhunderte lang zwei Parteien des gleichen Ordens entzweite. Das von Klara und ihren Schwestern inaugurierte klösterliche Leben übertraf an Strenge alles, was man bis dahin gekannt hatte. So baten denn auch einige junge Frauen von zarter Gesundheit, die sich der franziskanischen Frömmigkeit weihen und den Klosterfrauen von San Damiano nacheifern wollten, um Statuten, die sich mit der Gebrechlichkeit des «Bruders Esel» besser vereinbaren ließen. Mehrere Königstöchter führten in dieser Hinsicht Neuerungen ein. Noch zu Lebzeiten der heiligen Klara und mit ihrem Segen gründete die selige Agnes, Tochter Ottokars I. von Böhmen, ein Kloster milderer Regel in Prag; etwas später gründete Isabella von Frankreich, eine Schwester des heiligen Ludwig, ein Kloster in Longchamp, das den Namen Monasterium humilitatis beatae Mariae Virginis erhielt. Darauf dehnte Papst Urban IV. im Jahre 1263 die mildere Regel auf alle Klöster aus. Diese Maßnahme führte bald zu einer Reihe von Mißbräuchen, die wiederum zu Beginn des 15. Jahrhunderts die große Reform der heiligen Koleta auslösten; dadurch wurde zahlreichen Klöstern die ursprüngliche Frömmigkeit zurückgegeben. In unseren Tagen gibt es noch zwei Arten von Klarissen: die Urbanistinnen, welche die von Urban IV. auferlegte Regel befolgen, und die Koletanerinnen, die dem harten Statut der heiligen Koleta gehorchen, barfuß ohne Sandalen gehen, kein Eigentum sowie keinerlei Einkünfte haben und ihr tägliches Brot von der Mildtätigkeit des Volkes erwarten. Im 16. Jahrhundert fügte M. Laurentia Longa aus Neapel diesen beiden Familien noch die Kapuzinerinnen oder «Töchter der Passion» hinzu, deren Statut nahezu dem der Koletanerinnen entspricht. Schließlich kann man noch die Konzeptionistinnen, die im 15. Jahrhundert durch Beatrice de Silva gegründet wurden, und in gewisser Hinsicht auch die Annuntiaten, deren Gründerin, die heilige Johanna von Valois, eine Schwester Ludwigs XI. von Frankreich war, zum Zweiten Orden des heiligen Franziskus rechnen. Da die Klarissen sehr verstreut leben, läßt sich ihre Zahlenstärke nur global schätzen. Es ist anzunehmen, daß ihre 600 Klöster etwa 15 000 Klosterfrauen beherbergen.

Klarissin

Klarissin im Mantel

Was den Dritten Orden betrifft, so umfaßte er anfangs nur Weltleute, die den Wunsch hatten, im Geiste des heiligen Franziskus zu leben, brachte aber später auch neue Formen des klösterlichen Lebens hervor. Die Tertiarinnen, die sich Gott weihten, lebten zunächst einsam oder als Klausnerinnen, wie die heilige Elisabeth von Ungarn, Landgräfin von Thüringen, die selige Veridiana, und die heilige Margareta von Cortona, die seraphische Magdalena. Die selige Angelina von Corbara († 1435) gründete sodann die erste Ordensgemeinschaft des Dritten Ordens. Die Klosterfrauen, die dieser Regel unterworfen sind, pflegt man Franziskanerinnen zu nennen. Zu ihnen gehören in der ganzen Welt etwa 200 Kongregationen, die sich mit den verschiedensten Aufgaben – der Kontemplation, der Krankenpflege, dem Unterricht, der Missionstätigkeit – befassen; die Zahl der Neuaufnahmen kommt an hunderttausend heran. Die meisten sind winzige Vereinigungen; einige sind sehr entwickelt, wie die Rekollektenbüßerinnen von Limburg mit 6000 Mitgliedern, die Armenschwestern vom heiligen Franziskus mit dem Mutterhause Aachen und die Schwestern vom heiligen Kreuz mit dem Mutterhaus Ingenbohl, die zahlreiche Häuser in Deutschland und Österreich besitzen.

Der regulierte Dritte Orden hat bei den Männern weit weniger Anklang gefunden. Heute besteht er als solcher nur noch in einer, aus mehreren Kongregationen zusammengeschmolzenen Ordensgemeinschaft: dem Regulierten Dritten Orden (T. O. R.), der in sieben Provinzen mit über 800 Mitgliedern eingeteilt ist. Neben ihm gibt es aber auch noch einige Genossenschaften, die im vorigen Jahrhundert entstanden sind. Deutschland kennt deren zwei, die auch ins Ausland sich verbreiteten. Der Dritte Orden für Weltleute hat hingegen

Konzeptionistin

Tertiarin

stets großen Zulauf. Meist ist er in Brüderschaften organisiert: die Kapuziner beaufsichtigen 11000 Brüderschaften mit 800 000 Mitgliedern, die Franziskaner 10 000 Brüderschaften mit 1 200 000 Mitgliedern. Nach den letzten Schätzungen muß man jedoch diese Zahlen verdoppeln, um die wirkliche Gesamtsumme zu erhalten.

Die franziskanische Botschaft: Ihre Verbreitung im Laufe der Zeiten

So sieht das Milieu aus, in dem sich die franziskanische Überlieferung konsolidierte. Der heilige Franziskus hat nun aber nicht nur eine Regel für eine begrenzte Anzahl von Männern und Frauen erlassen, er hat auch eine Botschaft an die ganze Welt gerichtet. Diese Botschaft erreichte die Welt auf dreierlei Weise: durch das Leben der Heiligen, durch das Wort der Prediger, durch die Feder der Schriftsteller. Der Raum reicht hier nicht aus, um die unzähligen franziskanischen Heiligen einzeln zu betrachten und nachzuzeichnen, wie sich in ihnen der Geist, der sich in der Person ihres gemeinsamen Vaters inkarnierte, entsprechend ihren Anlagen und Berufungen auf die verschiedenste Weise kundgetan hat. Und wenn wir hier von Heiligen sprechen, so verstehen wir darunter nicht nur die Vorbilder der Liebe und der Tugend, denen die Kirche die Ehre der Altäre gewährt, sondern auch alle jene liebenswerten Gestalten, die niemals eine Glorole umgeben hat, und die doch für die Menschen lebendige Gotteszeugen gewesen sind. Ihre Liste ist noch nicht abgeschlossen. Manche — vor allem die Frauen unter ihnen — bleiben für immer im Verborgenen; nur zwei oder drei Generationen lang wird das Andenken an sie noch im Schatten irgendeines Klosters fortbestehen. Andere haben Gaben empfangen, durch die sie die Aufmerksamkeit der Menge erregen, wie ein Padre Pio in unseren Tagen — dieser Mystiker, Prophet und Wundertäter, der die Stigmen trägt, in den Seelen liest und ganz den Werken der Caritas lebt.

Abgesehen von offenbarer Heiligkeit war die mündliche Unterweisung seit jeher das lebendigste und suggestivste Mittel einer religiösen Ausstrahlung, vor allem in Zeiten, in denen die meisten Gläubigen Analphabeten waren. Der Minderbruder, selber der Kontemplation hingegeben, mußte daher mit allen monastischen Überlieferungen brechen, sein Leben nach dem Vorbilde der Apostel ausrichten und überall die Frohe Botschaft verbreiten. Franziskus und seine ersten Jünger waren sämtlich feurige Prediger in Stadt und Land; sie sprachen zu Christen und Ungläubigen und suchten sogar Heereslager auf. Als der Orden besser organisiert war, blieb das Predigeramt auf die Kleriker beschränkt, und die Oberen wachten darüber, daß nur die Begabtesten und am besten Geschulten mit wichtigen Missionen betraut wurden. Die Zahl dieser Spezialisten nahm schnell zu, und von den wunderbaren Erfolgen, die sie erzielten, können die Chronisten nicht genug berichten.

Margareta von Cortona nimmt den Schleier. Von Niccolo Pisano, Cortona

Einer der ersten und bedeutendsten dieser großen Prediger war Antonius von Padua. Zehn Jahre lang durchwanderte der junge Bruder (er starb mit sechsunddreißig Jahren) Italien und Frankreich und versetzte die Menge überall in höchste Begeisterung. Da die Kirchen für seine Hörer nicht ausreichten, predigte er auf Plätzen und in Tälern. Seine klaren Gedanken und seine einleuchtenden Worte überzeugten so viele Gegner, daß er der «Ketzerhammer» genannt wurde. Gerard von Modena, Hugo von Reggio, Thomas von Pavia und der heilige Bonaventura erlangten ebenfalls auf den verschiedenen Gebieten sakraler Beredsamkeit einen hohen Ruf. Die größte Volkstümlichkeit scheint jedoch Berthold von Regensburg genossen zu haben, ein mit einer gewaltigen Stimme begabter Volksredner, der, wenn man den Schilderungen seiner Zeitgenossen Glauben schenken darf, mehr als hunderttausend Hörer auf einmal um sich scharte.

Das goldene Zeitalter der franziskanischen Predigt brach mit der Observanz an. Bernhardin von Siena, ihr glühender Verfechter, ließ seine Stimme in ganz Italien erschallen. Obwohl theologisch geschult, redete er in der Sprache des Volkes, geißelte die Laster und die Hartherzigkeit der Großen und nahm vor allem örtliche Ungerechtigkeiten und Rivalitäten aufs Korn. Johannes von Kapistran und Jakob von der Mark durchzogen zu Fuß fast ganz Europa, einschließlich Rußland und Skandinavien, brachten die Menschenmengen in Bewe-

Bernhardin von Siena. Schule des Vecchietta, Siena

gung, bekehrten Ketzer, Wucherer, Kurtisanen. Albert von Sarteano, Bernardin von Feltre, Robert von Lecce, Herkulan von Piagale, Angelus von Chiavasso eiferten ihnen in Italien würdig nach. In Frankreich taten sich vor allem Michel Menot, genannt «Bouche d'Or» (Goldmund), und Olivier Maillard durch ihre fröhliche und herzhafte Rede hervor, waren aber zugleich Männer von großer apostolischer Überzeugungskraft. Im deutschen Sprachraum gehörten die westfälischen Franziskaner zu den berühmtesten Kanzelrednern, so Johannes von Minden, Heinrich von Werl, Johannes von Werden, vor allem aber Dietrich Coelde und Johannes Brugmann, dessen Beredsamkeit sogar sprichwörtlich wurde; heute noch sagt man in den Niederlanden: «Er predigt wie Brugmann!» Großes Ansehen genossen ferner der Hildesheimer Johannes Kannegießer («Die

Johannes von Kapistran. Stickerei, 15. Jahrhundert, Alverna-Kapelle

Posaune der Wahrheit»), die Baseler Johannes Gritsch und Johannes Mäder, auch Johannes Paulli, Verfasser des beliebten Werkes *Schimpf und Ernst*, Stephan Fridolin, der mit Tauler verglichen wurde, und der Wiener Theobald von Geislingen, den das Volk den «Apostel Österreichs» nannte.

Auch die Diskalzeatenreform im 16. Jahrhundert brachte bedeutende Prediger hervor, darunter den hl. Petrus von Alcantara, seinen spanischen Landsmann Alfons de Castro und Bernardin von Arevalo. Die Prediger der Rekollekten und Kapuziner traten namentlich in Frankreich und Belgien hervor; mitunter versammelten sich dort die Gläubigen ebenso sehr aus Neugierde wie aus frommen Motiven, so wenn sie zu Pater Seraphin in Paris strömten, der improvisierte, statt sich den starren Regeln der Rhetorik zu beugen. Den italienischen Reformaten aber war der Ruhm beschieden, daß aus ihren Reihen der Prediger hervorging, den der heilige Alfons von Liguori den «Großen Missionar des 18. Jahrhunderts» genannt hat: der heilige Leonhard von Porto Maurizio. Pater Joseph Stanislaus von Preßburg und der Schweizer Pater Theosius Florentini zählen zu den größten Predigern des 19. Jahrhunderts. Erwähnung verdient auch P. Dionysius Ortsiefer, jahrzehntelang der beliebte Domprediger in Münster und Köln. Bedeutende Volksmissionare des 19. Jahrhunderts in Deutschland waren: P. Kaspar Heymer und P. Ambrosius Dreimüller, die vor und während des Kulturkampfes unermüdlich und unerschrocken wirkten. Näher noch an die Gegenwart rückt der 1921 verstorbene P. Bernardin von Montefeltro heran, der vierzig Jahre lang mit einem Erfolge, der seit dem heiligen Leonhard nicht überboten wurde, auf Volksmissionen in Italien predigte. Schließlich ist aus dem heutigen Frankreich P. Jean-François Motte zu nennen, Leiter der Zentrale für die Innere Mission («Centre Pastoral des Missions de l'Intérieur»). Dieser Franziskaner hat für Predigten und Volksmissionen eine Organisation geschaffen, die in die Breite und Tiefe zu wirken vermag. Seine Methode wird auch in Deutschland von den Franziskanermissionaren angewandt.

Die franziskanischen Mystiker griffen ungern zur Feder. Gleichwohl fehlt es der seraphischen Religiosität nicht an Interpreten. Offensichtlich steht der heilige Bonaventura an der Spitze dieser Autoren. Die kritische Ausgabe seiner Werke hat von seinen im engeren Sinne mystischen Schriften lediglich zehn als authentisch bestehen lassen, die alle sehr kurz, aber gewichtig sind; freilich sind viele andere seiner Werke für seine Mystik fast noch aufschlußreicher als diese zehn. Am geschätztesten ist seine Abhandlung: *Der dreifache Weg* oder *Der Brand der Liebe*; er führt darin aus, wie sich der Geist auf drei Wegen mit Gott vereint: mittels der Meditation, des Gebets und der Kontemplation. Auch die Lektüre seiner sonstigen Schriften bereitet Genuß: *Das Selbstgespräch, Der Lebensbaum, Das vollkommene Leben, Die Herrschaft der Seele* ... Freilich fußen diese Betrachtungen und Herzensergüsse im formalen Sinne mehr auf den Meistern des 12. Jahrhunderts (vor allem auf dem heiligen Bernhard

Jakob von der Mark. Neapolitanische Schule, 16. Jahrhundert.
Neapel, Museo Nazionale

und den Viktorinern) als auf der Lehre des heiligen Franziskus. Der Franziskaner in Bonaventura kommt vor allem im Redner und im Polemiker zum Vorschein. Gegen Wilhelm von Saint-Amour und die Verächter der heiligen Armut schreibt er jene berühmte *Apologie der Armen*, die nicht den Ballast didaktischer Regeln kennt und trotz gewisser Längen eine leidenschaftliche Beredsamkeit erreicht, wobei sie auch sarkastische Wendungen nicht verschmäht.

Drei unmittelbare Schüler des heiligen Bonaventura haben beachtliche Abhandlungen verfaßt, aus denen die gleiche Frömmigkeit wie aus dem Werke ihres Meisters spricht; jedoch befinden auch sie sich im Schlepptau der alten monastischen Schulen. Bernard von Bessa schrieb einen *Zuchtspiegel*. Jakob von Mailand, dem wir eine von späteren Theologen sehr anerkannte Schrift *Stachel der Liebe* (*Stimulus Amoris*) verdanken, und Johannes de Caulibus, wahrscheinlicher Verfasser der *Meditationen über das Leben Christi*, belebten durch ihre ausdrucksvollen Betrachtungen die Verehrung der Leidensgeschichte. Neben ihnen sind zwei große Zeitgenossen des Doctor Seraphicus zu nennen: Guibert von Tournai, sein Mitbruder im Pariser Kloster, Beichtvater der seligen Isabella von Frankreich, der für sie oder für ihre Schwester Marie de Dampierre mehrere kleine asketische Schriften verfaßte, und David von Augsburg, Lehrer Bertholds von Regensburg, Verfasser zahlreicher Abhandlungen in deutscher Sprache, von denen *Das dreifache Statut* am berühmtesten ist: er skizziert darin eine asketische Methode für Ordensleute, die er entsprechend ihrer religiösen Reife in drei Stufen einteilt: die Anfänger, die Fortgeschrittenen und die Vollkommenen. Diese Betrachtung zeigt gewisse Einflüsse des Wilhelm von Saint-Thierry; im Mittelalter fand sie weite Verbreitung und war eine der Quellen, die Thomas von Kempen benutzte.

Neben diesen traditionellen Schriftstellern hat der franziskanische Geist im 13. Jahrhundert recht originelle Denker hervorgebracht, die stärker den Einfluß des Armen von Assisi erkennen lassen. Der erste der zeitlichen Reihenfolge nach war der Bruder Ägidius, ein Gefährte des heiligen Franziskus, dessen Aphorismen voller Weisheit, die unter dem Titel *Dicta* (*Goldene Worte*) herausgegeben wurden, dem heiligen Bonaventura als Anregung dienten. Der Verfasser der *Meditationen des Armen in der Einsamkeit* ist unbekannt; es handelt sich um ein Lob des heiligen Franziskus und einen eindringlichen Appell zur Nachahmung seiner Tugenden: der Armut, der Liebe, der Demut. Mit den drei folgenden Meistern, drei feurigen, machtvollen, leidenschaftlich bewegten Persönlichkeiten, gelangen wir in den Bereich der religiösen Autobiographie. Der selige Raimund Lull (1235 bis 1315), ein Tertiar, vertauschte ein Leben voller Vergnügungen mit einem Büßerdasein. Er war zunächst Einsiedler und durchwanderte dann Europa, Asien und Afrika, um die Ungläubigen zu bekehren

Der hl. Bonaventura (Ausschnitt). Von Paolo Moranda, gen. il Cavazzola. Verona, Museo Civico

und den Märtyrertod zu suchen, der ihm schließlich im Alter von achtzig Jahren vergönnt wurde. Dieser Philosoph, Theologe, Mystiker, Orientalist und vielleicht auch Alchimist, hat etwas hinterlassen, was noch heute unser Interesse erweckt: ein sonderbares Werk, halb Roman, halb Selbstbiographie, mit dem Titel *Blanquerna*. Es enthält zwei mystische Betrachtungen: *Die Kunst der Kontemplation* und *Das Buch vom Freunde und vom Geliebten*, die angeblich vom Helden der Erzählung stammen. Ebenso wie Raimund Lull erlebte auch die selige Angela von Foligno (1248–1309) eine Bekehrung und trat in den Dritten Orden ein. Sie war eine sehr tatkräftige Frau und zugleich eine große Visionärin; Bruder Arnold, ihr Beichtvater, und sodann andere Sekretäre haben unter ihrem Diktat über die Gnaden berichtet, die sie von Gott empfing. Das Wichtigste steht im *Buch der Erfahrung der wahren Gläubigen*, einer feinsinnigen und in ihrer Aufrichtigkeit ergreifenden Betrachtung, die zu allen Zeiten leidenschaftliche Bewunderer gefunden hat. Zu ihnen gehörte Hubertin von Casale, der sich während seines Studiums in Paris für die Lehren der Spiritualen begeisterte und einer ihrer geistigen Führer wurde. Auf dem Alverna verfaßte er die Schrift *Kreuzesstamm des Lebens Jesu*, zugleich ein Bekenntnis und eine Anklagerede gegen seine Feinde, ein Buch, das ganz erfüllt ist von Herzensergüssen, von heftigen Verwünschungen und großartigen Visionen.

Das 14. Jahrhundert war eine Epoche des Verfalls, die nur wenige große Lehrer hervorbrachte. Unter den bedeutenderen Werken sind die *Sieben Wege zur Ewigkeit* zu nennen, dessen Verfasser sich als guter Schüler Bonaventuras und der Viktoriner erweist. In diesem Jahrhundert entstehen auch die berühmten *Fioretti*, die *Blümlein des heiligen Franziskus*, eine Sammlung in italienischer Sprache, die Zeugnisse von Gefährten des heiligen Franziskus in buntem Durcheinander enthält und mitunter die Geschichte zur Legende abwandelt. Der Reiz der Darstellung wird dadurch bekanntlich nicht geschmälert. Das 15. Jahrhundert zeigt sich in besserem Lichte. Der Niederländer Heinrich von Harp, lateinisch Harpius genannt, war wohl der hervorragendste franziskanische Mystiker. Auf dem heiligen Bernhard, dem heiligen Bonaventura und Ruysbroeck fußend, schrieb er mehrere Abhandlungen, darunter eine *Theologia Mystica* und einen *Spiegel der Vollkommenheit und goldener Leitfaden der Kontemplation* – Werke, die eine starre und düstere Sittenstrenge kennzeichnet. Näher dem echten Franziskanertum steht offenbar Johannes Bartholomäus, Verfasser dreier noch unveröffentlichter kleiner Schriften: *Das Büchlein von der dreifachen Witwenschaft; Das Büchlein von der liebesinnigen Furcht; Das Büchlein von der Eitelkeit aller Dinge*. Harpius und Bartholomäus bleiben indessen Scholastiker; originellere Denker sind die Mystikerinnen des Zweiten Ordens, vor allem die heilige Katharina von Bologna und die selige Battista Varani († 1527); die erstere verfaßte eine Selbstbiographie: *Die Waffen, die man für den geistigen Kampf braucht*, welche den Zweck verfolgt, den Leser vor Versuchungen und Heimsuchungen zu warnen.

Der zweiten, die zu den bedeutendsten Mystikerinnen ihres Ordens zählt, verdanken wir drei religiöse Schriften, die leider nur wenig bekannt sind: die *Abhandlung über die geistigen Schmerzen Jesu*, eine *Selbstbiographie* und *Anweisungen für das vollkommene Leben*.

Im 16. Jahrhundert verdienen besonders die Namen zweier Lehrer der heiligen Theresa von Avila Beachtung: Franziskus von Ossuna, Verfasser der drei *Geistigen ABC's*, das eine über die Passion

Raimund Lull

Christi, das andere über die Askese, das dritte über das Gebet; ferner der heilige Petrus von Alcantara (1499—1562), einer der größten franziskanischen Mystiker, wenn auch seine *Abhandlung über das Gebet und die Meditation* vor allem auf den Dominikaner Ludwig von Granada zurückgeht. Auch der Kapuziner Matthias Bellantani von Saló wäre noch zu nennen, dessen *Übung des geistigen Gebets* weite Verbreitung fand. Was den spanischen Observanten Johannes von Bonilla angeht, so ist namentlich der Einfluß bedeutsam, den seine *Abhandlung über den Seelenfrieden* auf den Theatiner Scupoli, den Verfasser der berühmten Schrift *Der geistige Kampf*, ausgeübt hat.

Mit dem 17. Jahrhundert bricht eine besonders fruchtbare Periode an. Die Konventualen verfügen damals über einen großen Namen: den Kardinal Brancati von Lauria, der in seinen *Acht kleinen Schriften über das christliche Gebet* eine sehr klare und sehr beifällig aufgenommene Lehre entwickelt, auf die seither bei den Kanonisationen Bezug genommen wird. Zu den Minoriten Italiens gehören zwei der bedeutendsten kontemplativen Geister des Jahrhunderts, deren Werke großes Ansehen genießen. Bartholomäus von Salutio, der 1617 starb, doch entstanden alle seine Schriften nach 1600; wir erwähnen hier: *Das Licht der Seele, die zur Vollkommenheit aufsteigen möchte; Die sieben Posaunen, die den Sünder zur Buße erwecken*, vor allem aber *Das Paradies der Kontemplation*. Der selige Karl von Sezze († 1670), ein Laienbruder ohne wissenschaftliche Kenntnisse, erreichte eine so hohe Stufe des inneren Lebens, daß zahlreiche Geistliche, Kardinäle und sogar Papst Klemens IX. bei ihm in die Lehre gingen; er hinterließ fünfundvierzig Arbeiten, von denen die *Abhandlung über die drei Wege der Meditation und über Zustände der heiligen Kontemplation* am wichtigsten ist. Auch den Rekollekten in Frankreich und Belgien verdanken wir mehrere gehaltvolle Schriften, darunter: die *Mystische Theologie* von Bonifacius Maes, *Die Abhandlung über das innere Leben* von Maximilian de Bernezay, *Die Führung einer Seele im Gebet* von Elias Hardouin, *Die Heiligen Exerzitien der Liebe Jesu* von Severin Rubéric. Vor allem aber die Kapuziner verfaßten in dieser Epoche zahlreiche mystische und asketische Schriften; ihr Reigen wird von dem Engländer Benedikt von Canfield angeführt, einem Puritaner, der zum Katholizismus übertrat. Auch er schrieb eine Selbstbiographie: *Das fromme und ernste Selbstgespräch*, ferner eine dogmatische und moralische Abhandlung über die Konversion: *Der christliche Ritter*, sowie mehrere kleinere Arbeiten. Innerhalb seines Ordens übte er einen großen Einfluß aus; zahlreiche Kapuziner des 17. Jahrhunderts fußen auf ihm. So der Belgier Constantin von Barbanson (*Die geheimen Pfade der göttlichen Liebe*), die Franzosen Joseph le Clerc von Tremblay (der Sekretär Richelieus, bekannt als die graue Eminenz; er schrieb eine *Einführung in das religiöse Leben*), Paulus von Lagny (*Der abgekürzte Weg zur christlichen Vollkommenheit*) und Simon du Bourg (*Die heiligen Erhebungen der Seele in Gott*). Sogar beim heiligen Vinzenz von

Petrus von Alcantara

Paul finden sich deutliche Reminiszenzen an Canfield. Von den französischen Kapuzinern ist noch der Pater Yves von Paris zu nennen, der dem heiligen Franz von Sales und Fénelon sehr nahestand und neben anderen beachtlichen Werken eine *Christliche Moral* und *Die Fortschritte der Liebe* hinterließ; ferner Bernhardin von Paris, der sich vor allem durch seine Betrachtung: *Der Jesus Christus nachgebildete Geist des heiligen Franziskus* einen Namen machte. Auch ein regulierter Tertiar verdient Erwähnung: Pater Johannes Chrysostomos von Saint-Lô, ein Verfechter der reinen Liebe, von dem eine *Abhandlung über die Enthaltung* auf uns gekommen ist. Unter den Klosterfrauen fallen zwei Namen auf: die spanische Tertiarin Marie d'Agreda (1602–1665) und die heilige Veronika Juliani, eine stigmatisierte italienische Kapuzinerin (1660–1727). Die erstere schrieb das äußerst umfangreiche Werk: *Das mystische Gottesreich,*

Le Pay. Le Clou de-bout de ce Greuet comment le nommez vous ? Le Che. Il ſe nomme *Innocence d'Oeuure*, qui ferme le Greuet, le rendant parfait pour l'aſſeurance de la iambe. Car il ſerre les deux coſtez de Simplicité Exterieure, & Simplicité Interieure, & les vniſſant enſemble

Clou de-bout. Innocence d'œuure.

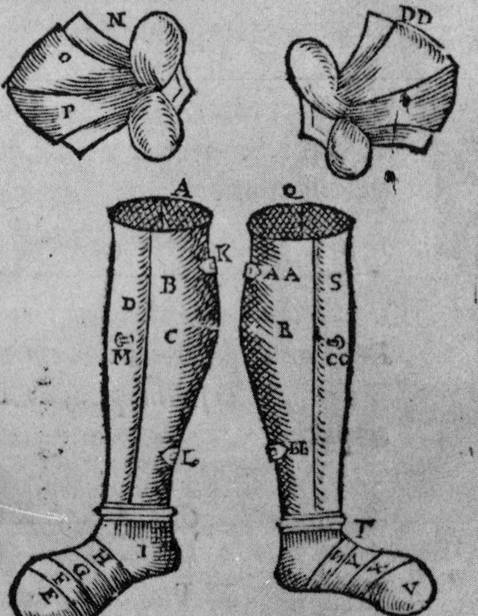

(a) Prudence.
(b) Compoſition de memoire, raiſon, entendement, docilité, ſolicitude, pouruoyance, circonſpection & precaution.
(c) Prudence a gouuerner ſoy-meſme.
(d) Prudence a gouuerner les autres.
(e) Prudence militaire.
(f) Prudence œconomique.
(g) Prudence politique.
(h) Prudence a gouuerner.
(i) Don de conſeil.
(K) Bon Conſeil.
(l) Droict Iugement.
(m) Perſpicacité de iugement.
(n) Beatitude de miſericorde.
(o) Bien heureux les miſericordieux.
(p) Ils receuront miſericorde.
q, Simplicité.
r, Simplicité interieure.
ſ, Simplicité exterieure.

t, Sincerité.
u, Sincerité de conuerſation.
x. Sincerité d'amitié.
y, Sincerité de promeſſe.
z, Sincerité de commerce.

aa, (Couplet) Innocence de penſées.
bb, Innocence de paroles.
cc, Innocence d'œuures.
dd, Prompte operation.

Tafel aus «Der christliche Ritter» von Benedikt von Canfield ein Leben der hl. Jungfrau, so wie sie es in ihren mystischen Offenbarungen sieht. Die Phantasie, die sie hierbei aufwendet, hat weder den Beifall der Theologen noch der Historiker gefunden. Die heilige Veronika verfaßte nicht weniger als fünf Selbstbiographien, um den Wunsch ihrer Beichtväter zu erfüllen, sowie ein *Tagebuch* (*Diario*), das ihnen den Stoff liefert und in das sie sich einfügen. Diese Seiten gehören zu den reizvollsten der mystischen Literatur.

Das 18. Jahrhundert ist weit ärmer an bedeutenden Namen als das 17. In unserem Zusammenhange genügt die Erwähnung des Kapuziners Ambrosius von Lombez, dessen berühmte *Abhandlung über den inneren Frieden* ungezählte Auflagen erlebte, und eines schon als Prediger erwähnten Reformaten, des heiligen Leonhard von Porto Maurizio, der seine missionarische Tätigkeit durch die Veröffentlichung einiger kleiner Schriften über Kreuzweg, Beichte und Messe ergänzte. Das 19. wie das 20. Jahrhundert haben bisher kein religiöses Genie hervorgebracht, doch sind für diese Periode zwei Dinge kennzeichnend: die Fülle der Publikationen, was keineswegs eine Empfehlung bedeuten muß, und das Bemühen um eine Synthese. Es fällt schwer, selbst unter den seriösen Arbeiten eine Auswahl zu treffen, doch treten einige Persönlichkeiten deutlicher hervor. Von Kapuzinern sind zu nennen: P. Ubald von Alençon und P. Gratian von Paris, die vor allem durch die Zahl und Qualität ihrer Artikel in die Breite gewirkt haben; P. Leopold von Chérance, der sich den franziskanischen Hagiographien zugewandt hat; P. Hilarin Felder von Luzern, dem wir das weitbekannte Werk: *Die Ideale des heiligen Franziskus* verdanken. Bei den Minderbrüdern sind hervorzuheben: P. Augustin Gemelli, dessen umfassendes Werk: *Das Franziskanertum* deutsch 1936 bei Jakob Hegner erschienen ist, Leo Bracaloni, der *Christliche Meditationen im seraphischen Geiste* verfaßte, sowie der Franzose Pater Valentin Breton, dessen religiöse Empfindung sich ständig an den erhabensten dogmatischen Wahrheiten orientiert, zugleich aber zu einem prägnanten, klaren und innigen Ausdruck gelangt.

Es wäre noch Manches über die Einflüsse zu sagen, die Franziskaner auf die Entstehung von Werken oder die Gründung von Vereinigungen außerhalb des Bereichs ihres Ordens ausgeübt haben. In ersterer Hinsicht sei hier nur auf *Die Nachfolge Christi* von Thomas von Kempen verwiesen, das berühmteste aller religiösen Bücher, dessen Titel schon franziskanisch ist, und das nur einen einzigen Heiligen erwähnt: Franziskus von Assisi. Was die zweite Art der Einwirkung angeht, so mag die Erwähnung des Passionistenordens genügen, der sich zum Ziel gesetzt hat, die Passion Christi zu ehren und ihre Verehrung zu verbreiten; der Gründer, der heilige Paulus vom Kreuz, wurde durch die Kapuziner auf sein Werk vorbereitet, und ein Schriftsteller, welcher der neuen Kongregation angehört, stellte fest: «Ihre ganze klösterliche Zucht ist so sehr von franziskanischem Geiste geprägt, daß man die Passionisten geradezu als einen neuen Zweig des Ordens ansehen könnte.»

Der Geist des heiligen Franziskus hat sich verständlicherweise vor allem auf drei Gebieten ausgewirkt: den Andachtsübungen, der Theologie und der Philosophie.

Die zweifache Anbetung an Krippe und Kreuz, wie auch ein innigeres Verhältnis zur Mutter Gottes, wurden bereits durch den heiligen Franziskus verbreitet. Die Liebe zu Christus und die Verehrung seiner Mysterien führte dazu, daß die Franziskaner häufig die heiligen Stätten aufsuchten. So errichteten sie dort Niederlassungen und wurden zu ihren offiziellen Hütern; ferner führten sie die Kreuzwegandacht ein, eine Wallfahrt mit Stationen an eben den Stätten, wo Christus gelitten hat. Seit dem 15. Jahrhundert wird diese Andacht auch am Heimatorte ausgeübt, wobei man sich in Gedanken an den heiligen Leidensweg versetzt; seit dem 17. Jahrhundert findet sie in der gegenwärtigen Form statt, und im folgenden Jahrhundert tritt der heilige Leonhard von Porto Maurizio leidenschaftlich für sie ein.

Mit nicht geringem Eifer nehmen sich die Franziskaner der Eucharistie an: schon 1230 fordert der Ordensgeneral Johannes Parenti die Aufbewahrung der geweihten Hostien in Ziborien aus kostbarem Material, und ein einfacher spanischer Laienbruder, der heilige Paschalis Baylon, wurde von der Kirche zum Schutzpatron der eucharistischen Vereinigungen erklärt. Im 14. Jahrhundert riefen der heilige Bernhardin und seine Jünger, vor allem der heilige Johannes von Kapistran, die Verehrung des heiligen Namens Jesu ins Leben und feierten als erste das hierfür bestimmte Kirchenfest; die heilige Johanna von Orléans ließ das Anagramm des Namens Christi auf ihre Standarte sticken, und schließlich wurde er von Ignatius von Loyola und seinem Orden zum Sinnbild erwählt. Auch die Herz-Jesu-Verehrung, deren Gefühlswelt so sehr dem franziskanischen Geiste gemäß ist, wurde von mehreren Theologen des Ordens entwickelt und propagiert, insbesondere vom heiligen Antonius, vom heiligen Bonaventura, von Jakob von Mailand und Bernhardin von Siena. Das Angelusläuten, das jetzt in allen Kirchen der Welt üblich ist, wurde der Überlieferung nach durch Benedikt von Arezzo, einen Gefährten des heiligen Franziskus, eingeführt; ebenso ließ der Ordensgeneral Johannes von Parma seine Brüder nach der Komplet eine der vier Antiphonen beten, die der Mutter Gottes gewidmet sind: dieser Brauch wurde später auf die gesamte Kirche ausgedehnt.

Da die Minderbrüder bemüht waren, die religiöse Lehre ihres Gründers durch Vernunftgründe zu unterbauen und den ganzen dogmatischen Reichtum, den sie in sich barg, auszuschöpfen, entfalteten sich unter ihnen, obwohl sie anfangs nur eine Gruppe wissenschaftlich nicht geschulter Prediger darstellten, wertvolle philosophische und theologische Begabungen. Einige Jahrzehnte nach dem Tode des heiligen Franziskus haben die Franziskaner bereits die Universität erobert, und ihre Doktoren erweisen sich sofort den eigens für diese Lehrtätigkeit eingesetzten Predigermönchen als ebenbürtig. Vier große Zentren des mittelalterlichen Denkens zeugen von dieser besonderen Spielart des franziskanischen Genies: Bologna, vor allem aber Oxford und Paris, sowie etwas später Köln. Der erste franziskanische Theologe, der Engländer Alexander von Hales († 1245), führte die Gotteswissenschaft im Orden ein; er zählte fünfzig Jahre und genoß höchsten Ruhm, als er die Kutte anzog und dem Orden des heiligen Franziskus einen Lehrstuhl an der Sorbonne eintrug. Der Mann, welcher der *Doctor irrefragabilis*, der «unwiderlegliche Lehrer» genannt wurde, ist, wenn nicht Autor, so doch zumindest Initiator der ersten *Summa Theologica*. Johannes de Rupella, sein Schüler, folgte ihm auf seinem Lehrstuhl nach und machte sich einen Namen durch eine originelle Anpassung des Aristoteles an den Augustinismus, die vor allem in seiner *Summa über die Seele* enthalten ist. Doch der berühmteste Schüler Alexanders war der heilige Bonaventura, der *Doctor seraphicus*. Dieser Fürst der Mystik, Erneuerer des Franziskanerordens, der die Vereinigung von Griechen und Lateinern bewirkte, war zugleich einer der größten Theologen und Philosophen des Mittelalters, ein echter Sohn des heiligen Franziskus, und hat den Augustinismus würdig fortgeführt; so war seine ganze Lehre wahrhaftig eine *Wanderung des Geistes zu Gott*, wie der Titel eines seiner berühmtesten Werke lautet. Da er die Natur über alles bewundert, erscheint ihm die sichtbare Schöpfung als eine erste Stufe, mit deren Hilfe der Mensch zu Gott aufsteigt. Im Gegensatz zu Thomas von Aquin, der sein Leben dem Lehramte widmete, mußte er schon bald seinen Lehrstuhl aufgeben, um die Leitung des Ordens zu übernehmen; seine Schriften sind denn auch nicht so durchgefeilt und umfassend wie die seines großen Zeitgenossen. In unserem Zusammenhang ist vor allem wesentlich, daß er in dieser dem *Poverello* verdächtigen Wissenschaft jene Grundsätze, nach denen Franziskus mit seinen Jüngern leben wollte, aufs Glücklichste ausdrückt. «Liest man seine Opuscula oder auch seinen *Kommentar zu den Sentenzen*», schreibt Étienne Gilson, «so glaubt man einen heiligen Franziskus vor sich zu haben, der sich soweit vergessen hätte, daß er philosophierte.»

Die franziskanischen Schüler Bonaventuras, die nach ihm lehrten, machen der Theologie Ehre; fast alle verteidigen feurig seine Geistigkeit gegen den vordringenden Aristotelismus. Vor allem verdienen Erwähnung: Walter von Brüssel, Johannes Peckham, Wilhelm de la Mare und Matthäus von Aquasparta. Die Oxforder Gruppe stand hingegen weniger unter dem Einfluß des *Doctor seraphicus*; ihre Hauptvertreter: Thomas von York, Wilhelm von Ware und Richard von Middletown, zeigen sich den Lehren des Aristoteles lebhaft aufgeschlossen. Das Bestreben, sich von den traditionellen Positionen zu entfernen, verstärkt sich bei Petrus Johannis Olivi, dem berühmten Spiritualen, und seinem Schüler Peter de Trabibus. Eine besondere Stellung nimmt Roger Bacon ein (1210–1292), der gleichfalls zur Oxforder Gruppe gehört, einer der seltsamsten Denker des Mittelalters, der sich in seinen Schriften: *Opus minus, Opus majus, Opus tertium* ... ausgesprochen als Außenseiter und Gegner der anerkannten Methoden erweist. Er bleibt zwar durch seine Lehre von der inneren Erleuchtung dem Augustinismus treu, ist aber vor allem der große Vorläufer der experimentellen Wissenschaft, die erst dreihundert Jahre später das Licht erblicken sollte; hebt er doch die Gewißheit und Unabhängigkeit der Sinneswahrnehmung hervor und empfiehlt die Anwendung von wissenschaftlichen Instrumenten und der Mathematik, damit ihre Genauigkeit verstärkt und ihr Umkreis erweitert werde.

Der große Theologe und Philosoph des Franziskanerordens ist jedoch unstreitig Johannes Duns Scotus (1266–1308), der nacheinander in Oxford, Paris und Köln lehrte, und dessen *Opus Oxoniense, Opus Parisiense* sowie die *Fragen der Metaphysik* und *De Primo Principio* den Niederschlag seines Denkens enthalten. Ein früher Tod ließ diesem mächtigen Geiste nicht die Zeit, die von ihm angestrebte Synthese methodisch zu verwirklichen; jedoch tragen die Themen, die er behandelt hat, vor allem die theologischen, zugleich den Stempel des Neuen und Endgültigen. Dieser Gegner des heiligen Thomas und seiner Schule – freilich ein sachlicher Gegner ohne jede Schärfe – ist deshalb nicht etwa ein bloßer Schüler Bonaventuras. Mehr als die Zeitgenossen schätzt er die Kirchenväter; in seiner Gesamtkonzeption und in den Einzelheiten schließt er sich vor allem an den heiligen Augustinus an, findet aber für die theologischen Probleme präzisere Lösungen. Die Virtuosität seiner Beweisführung, vor allem aber seine Gedankentiefe haben ihm den Beinamen des *Doctor subtilis* eingetragen. An seiner Theologie ist am bemerkenswertesten, welch hervorragende Stellung er Christus im Zusammenwirken von Schöpfung und Erlösung zuweist. Den gleichen absoluten Vorrang, den der heilige Franziskus Christus in seinem religiösen Empfinden einräumt, verleiht ihm Scotus in der Dogmatik: der Gottessohn, den der heilige Paulus den «Erstgeborenen aller Geschöpfe» nennt, und der in der Geheimen Offenbarung als «Alpha und Omega, als Anfang und Ende» bezeichnet wird, ist nicht nur der Erlöser, der Mittler und das Vorbild aller Menschen, sondern zugleich Ursache, Haupt und Vollendung der ganzen Schöpfung, der sichtbaren wie der unsichtbaren. Im Christkrönungsfest hat sich diese Vorstellung liturgisch ausgewirkt. Christi Würde strahlt auch auf die Mutter Gottes aus; so erklärt sich die an die Kirchenväter anknüpfende These von der Unbefleckten Empfängnis der Jungfrau Maria, die der marianische Lehrer gegen die ganze Universität verteidigte und zum Siege führte.

Mit Scotus gelangt die franziskanische Theologie im Großen gesehen zu einem Abschluß; alles, was nach ihm noch an Neuem innerhalb des Ordens geschrieben wird, bezieht sich lediglich auf sekundäre Punkte. In jener Periode des geistigen Verfalls, die am 14. Jahrhundert einsetzt, ist Wilhelm Occam der größte Name (gest. 1349); er war ein Schüler von Duns Scotus, der seinen Lehrer zugleich zu berichtigen suchte und dessen Leitsätze bis zu ihren äußersten Konsequenzen vortrieb; mehrere seiner Thesen wurden von Rom verdammt, doch fehlte es während des ganzen 14. Jahrhunderts seinen

Ideen nicht an Anhängern. Die traditionelle Richtung der seraphischen Schule brachte noch einige gute Theologen hervor: Claudius Frassen, Lehrer an der Sorbonne im 17. Jahrhundert, Hieronymus von Montefortino und Theoderich von Münster im 18., schließlich zu Beginn des 20. Jahrhunderts die Franzosen Chrysostomos Urrutibéhéty und Déodat de Basly, welche die Lehre des *Doctor subtilis* popularisierten und verteidigten, der eine mit viel Tapferkeit, der andere mit Poesie, sowie die Deutschen P. Taddäus Soiron, der die Theologie des hl. Bonaventura für den heutigen Menschen fruchtbar machte, und P. Mariannus Müller, der das gleiche für Duns Scotus leistete.

Da die Quellen des franziskanischen Denkens auf das Mittelalter zurückgehen, berufen sich Theologie, Philosophie und sogar religiöses Empfinden auf die Überlieferung und ziehen hierbei die historische Kritik zu Rate. Zu diesem Behufe gründeten die Minderbrüder der Observanz im Jahre 1877 in Quaracchi bei Florenz das berühmte Kolleg S. Bonaventura, das unter der Leitung des P. Fidelis von Fanna und seines Nachfolgers P. Ignatius Jeiler, eines Deutschen aus der Sächsischen Ordensprovinz, an die kritische Ausgabe der Werke des heiligen Bonaventura heranging — eine Arbeit, die zweiunddreißig Jahre in Anspruch nahm. Gegenwärtig bereiten die Patres von Quaracchi Ausgaben des Alexander von Hales und des hl. Bernhardin von Siena vor; gleichzeitig bemüht sich eine Kommission in Rom um die Edierung von Duns Scotus. Auch andere umfassende Veröffentlichungen wurden vom Kolleg S. Bonaventura durchgeführt, so die *Analecta franciscana*, die *Franziskanische scholastische Bibliothek* und die *Franziskanische aszetische Bibliothek des Mittelalters*; in Fortführung der schon im 17. Jahrhundert von Lukas Wadding (*Annalen der Minoriten*) und Dominikus Sospel (*Die seraphische Welt*) begonnenen Unternehmen bemüht es sich überdies, die Vergangenheit des Ordens durch Spezialzeitschriften zu beleben, wobei es auf diesem Gebiete mit dem historischen Institut der Kapuziner und dem seraphischen internationalen Kolleg der Konventualen wetteifert. Die letzteren betreuen darin eine theologische Fakultät, die das Vorrecht besitzt, wissenschaftliche Grade zu verleihen. Die Minderbrüder leiten hingegen eine päpstliche Universität, auf der die künftigen Lehrer der theologischen Wissenschaften studieren (ihre Zweigstellen in Amerika sind das Institut S. Bonaventura in New York und das Mittelalterliche Institut in Quebec), ein apostolisches Kolleg für Missionare sowie ein pädagogisches Institut für Erzieher, ein höheres Institut in Neapel mit zwei weltlichen Fakultäten für Wissenschaft und Literatur, schließlich zwei biblische Institute: das eine in Jerusalem, das andere in Hongkong; dieses letztere übersetzt die Bibel in die chinesische Sprache.

In der franziskanischen Ordensgeschichte haben sich im 19. und zu Beginn des 20. Jahrhunderts vor allem folgende deutsche Autoren hervorgetan: P. Michael Bihl OFM, der langjährige Herausgeber des *Archivum franciscanum historicum*; P. Leonard Lemmens

OFM und P. Livarius Oliger OFM, die manche wertvolle Abhandlungen zur Ordensgeschichte verfaßten; P. Heribert Holzapfel, der Verfasser des *Handbuchs der Geschichte des Franziskanerordens.* In der Gegenwart ist diese Arbeit sowohl durch gründliche quellengeschichtliche wie durch geistesgeschichtliche Studien fortgeführt und vertieft worden; deren Niederschlag findet sich vor allem in den Buchreihen *Franziskanische Quellenschriften* und *Franziskanische Forschungen* sowie in den Zeitschriften *Franziskanische Studien* und *Wissenschaft und Weisheit.*

Zuweilen kommt es auch vor, daß sich manche Ordensleute unerwarteten Spezialaufgaben widmen; solche Fälle erklären sich dann aus besonderen Umständen. Hierfür nur zwei Beispiele: P. van Breda, Professor der Philosophie an der Universität Löwen, leitet die Herausgabe der Werke von Edmund Husserl (45 000 Manuskriptseiten). Das erklärt sich daraus, daß die Witwe des Philosophen seinen Nachlaß dem jungen Franziskaner, seinem Schüler in Freiburg, anvertraute, um die Manuskripte dem nationalsozialistischen Zugriff zu entziehen. Ferner ist Pater Augustin Gemelli, einer der hervorragendsten Psychologen und Physiologen unserer Zeit, Rektor und Präsident der päpstlichen Akademie der Wissenschaften. Das wird begreiflich, wenn man weiß, daß Doktor Gemelli, ein sozialistischer Gelehrter, im Laufe seiner wissenschaftlichen Laufbahn konvertierte und in den Orden des heiligen Franziskus eintrat.

Die Franziskanische Lebenskraft

Die Nachkommenschaft des heiligen Franziskus ist nicht nur in seinem Orden zu finden. Die franziskanische Lebenskraft ist so mächtig, daß sie sich nicht nur auf den franziskanischen Stamm beschränkte; sie ist überall über ihre Grenzen getreten und hat ringsumher fremdes Land befruchtet; für die vielen Menschen aus allen Himmelsstrichen, die dem Armen von Assisi den Tribut ihrer Liebe und ihrer Bewunderung zollten, hat man den Namen des Vierten Ordens gefunden. Der abtrünnige Renan nennt Franziskus «den einzigen vollkommenen Christen seit Jesus». Der Agnostiker Taine sieht ihn auf dem Gipfel des mittelalterlichen Denkens. Der protestantische Pfarrer Paul Sabatier widmet der Person des Heiligen historische Studien. Gandhi feiert ihn als einen der größten Weisen der Welt. Schon zu seinen Lebzeiten wollten Unzählige in seinen Orden eintreten. Kaum ist er gestorben, als ihn schon ganz Europa kennt und sich beeilt, ihm nachzufolgen: die Fürstinnen Mitteleuropas bevölkern die Klöster der Klarissen; Ludwig von Anjou, Erbprinz beider Sizilien, zieht die Kutte an; Ludwig IX. von Frankreich, Ferdinand III. von Kastilien, Rudolf von Habsburg, Béla IV. von Ungarn werden in den Dritten Orden aufgenommen, und in späteren Jahrhunderten folgen Karl V., Maria Theresia, Alfons XIII. von Spanien und Pedro II. von Brasilien ihrem Beispiel. Dante, Petrarca,

Cervantes, Lope de Vega, Christoph Kolumbus, Michelangelo, Raffael, Murillo, Palestrina, Liszt und Gounod sind Tertiaren; ebenso García Moreno, der Präsident und Märtyrer von Ecuador, Volta, Galvani, Branly und alle zeitgenössischen Päpste von Leo XIII. bis zu Pius XII. Im 13. Jahrhundert inspiriert der *Poverello* die Künstler wie noch kein Mensch zuvor; ganz Italien erbebt im Schöpfungsfieber; Assisi wird gleichsam zu einer Hauptstadt der Architektur, und um dem Grabe des Heiligen ein Dach zu geben, findet Bruder Elias in wenigen Jahren Baumeister, die es fertigbringen, eine der köstlichsten Kirchen der Christenheit zu errichten.

Auch das abendländische Denken hat Franziskus viel zu verdanken. Der freie und universale Geist des Heiligen hat die Generationen überdauert; seine Söhne fühlten sich durch die scholastische Mentalität beengt, haben sie erschüttert und verwandelt. In unserer Gegenwart finden sich in der Theandrie eines Solowjew und Berdjajew, im Personalismus eines Gabriel Marcel und Emmanuel Mounier (in welchem der Inkarnation des Geistes solch eine Bedeutung beigemessen wird), in der Aufwertung der sichtbaren Schöpfung durch einen Teilhard de Chardin und in allen Lehren, welche die reine Idee aus ihren wurmstichigen Gehäusen lösen, um dem ganzen Menschen zu seinem Rechte zu verhelfen, deutliche Berührungspunkte mit dem Geiste des heiligen Franziskus.

Dieser Geist, der keine Sünder verstößt und nur Brüder in Christo kennt; der nicht den weltlichen Arm um Beistand angeht, und lieber als durch Apologetik durch das Vorbild eines evangelischen Lebens wirkt, hat jenes Element hervorgebracht, das im Franziskanertum das lebenskräftigste bleibt: die Liebe der Armen. Im Mittelalter hatte sich die Regel des Dritten Ordens um die Lösung der sozialen Frage bemüht und überall Erfolge erzielt, wo sich Brüderschaften aus echten Tertiaren gebildet hatten. Diese Regel verdammte jeden Luxus der Kleidung und Tafelfreuden, jede überflüssige Aufwendung, jede Hoffart aus blutsmäßigen oder sozialen Gründen, verlangte von den Reichen, daß sie die Armen behandelten wie ihresgleichen und genauso lebten wie sie, vereinigte die Mitglieder der verschiedenen sozialen Schichten in der gleichen Liebe und Zuneigung. Es kam daher zu Vereinigungen, die an die Gemeinschaften der frühchristlichen Zeiten erinnerten und in denen die Reichen ihre Habe den Armen schenkten und die Armen aus sittlicher Überzeugung gleichwohl weiterarbeiteten. Anderseits untersagte die Regel ihren Anhängern das Waffentragen. Diese Bestimmung trug in Italien zur Auflösung der Gemeindemilizen bei und bewirkte, daß die lokalen Kriege seltener wurden.

Im 15. Jahrhundert war der von den Bankiers geforderte hohe Zinsfuß, der zahlreiche kleine Leute in Schulden stürzte oder ruinierte, zu einer Landplage geworden. Der Franziskaner Barnabas von Terni gründete darauf die *Montes pietatis*, Leihhäuser, die zinslose Darlehen gewährten; diese Einrichtung wurde vom seligen Bernardin von Feltre propagiert. Als man ihm vorwarf, er spreche zuviel von den Enterbten, erwiderte er: «Die Hunde bellen ihrem Herrn zuliebe; sollte ich da nicht Christus zuliebe bellen, der in der Gestalt dieser Armen so schmählich behandelt wird?!» Zwei Jahrhunderte später gibt der heilige Vinzenz von Paul, Mitglied des Dritten Ordens, der Nächstenliebe eine noch weit wirksamere Organisation. Auch die drei Heiligen, die im Italien des 19. Jahrhunderts dem Elend mit Wundern der Nächstenliebe entgegenwirkten, die sich mit den Werken des heiligen Vinzenz von Paul vergleichen lassen: Johannes Bosco, Joseph Cafasso, Joseph-Benedikt Cottolengo, waren franziskanische Tertiaren, und Bosco hatte sogar zunächst Minorit werden wollen, da er von solcher Liebe zum Vater der Armen entflammt war. Zur gleichen Zeit berufen sich zwei große Freunde der Armen, die ebenfalls dem Dritten Orden angehören, auf den heiligen Franziskus: Pater Chevrier, Gründer des Prado, macht sich in seinen religiösen Schriften zum Fürsprecher der Armen; Friedrich Ozanam, der die Vinzenzkonferenzen in Paris ins Leben ruft, studiert die *Franziskanischen Dichter* und gibt die *Fioretti* heraus. Leo Harmel, ein Unternehmer, der sich der Rechte seiner Arbeiter annimmt, und Marius Gonin, der Organisator der *Semaines Sociales*, speisen ebenfalls ihr soziales Mitempfinden aus der franziskanischen Botschaft. Schließlich ist in unseren Tagen ein Priester aufgestanden, der auf alles verzichtet, um in der Armut zu leben und sein Dasein den Obdachlosen zu widmen. Und diesen Priester, den Abbé Pierre, der wegen seiner allzu zarten Gesundheit seinen Orden verlassen mußte, schmückt noch immer der Bart der Kapuziner.

Es gibt Menschen, die hungern. Doch der Mensch lebt nicht vom Brot allein: er bedarf auch der Nahrung des göttlichen Worts. Man darf nicht den Armen das Unrecht antun, sie wie Leiber ohne Seele zu behandeln. Sind die Armen zum Christentum bekehrt? Trotz löblicher Bemühungen und einfallsreicher Methoden geben Untersuchungen und Umfragen hierauf eine verneinende Antwort. Wird die franziskanische Nächstenliebe morgen neue Formen der Heiligkeit schaffen, die es fertigbringen, diese unglücklichen Brüder an der Gegenwart Christi teilhaben zu lassen?

FRANZISKANISCHE ANTHOLOGIE

Auswahl aus den Schriften des heiligen Franziskus

Bruchstücke der Regel des Jahres 1221 (Erste erhaltene Regel)[1]

17. Kapitel
Von den Predigern

Kein Bruder soll gegen Form und Satzung der Kirche oder ohne Erlaubnis seines Ministers predigen. Die Minister sollen sich aber hüten, jemand unüberlegt die Erlaubnis zu erteilen. Alle Brüder können jedoch durch Werke predigen. Und kein Minister und Prediger soll das Amt eines Ministers der Brüder oder das Predigtamt als sein Eigentum beanspruchen, sondern, wenn es ihm befohlen wird, soll er zur selben Stunde sein Amt widerspruchslos niederlegen. Daher bitte ich in der Liebe, die Gott selber ist, alle meine Brüder, die predigen, beten oder arbeiten, seien sie Kleriker oder Laien, daß sie danach trachten, sich in allen Dingen gering zu schätzen, sich nicht zu brüsten, noch selbstgefällig zu sein, noch in ihrem Innern stolz zu sein auf gute Worte oder Werke, überhaupt auf gar nichts, was Gott bisweilen an Gutem in ihnen und durch sie spricht, tut oder wirkt; nach dem Wort des Herrn: Freut euch nicht darüber, daß euch die Geister unterworfen sind.

Und wir sollen fest davon überzeugt sein, daß nur Laster und Sünden unser eigen sind. Und wir sollen uns vielmehr freuen, wenn wir in mancherlei Prüfungen geraten und in dieser Welt vielerlei Ängste und Mühsale an Seele und Leib um des ewigen Lebens willen ertragen müssen. Darum wollen wir Brüder alle uns hüten vor eitler Ruhmsucht und vor Stolz. Und wir wollen uns in acht nehmen vor der Weisheit dieser Weltzeit und vor der Klugheit des Fleisches. Denn das fleischliche Sinnen drängt und strebt mit Macht danach, Worte zu machen, wenig aber nach Werken. Und es sucht nicht Frömmigkeit und innere Heiligkeit des Geistes, sondern wünscht und verlangt

---

1 Mit Ausnahme des *Lobpreises Gottes* und des *Sonnengesangs* folgt die Übersetzung der Schriften des Heiligen — abgesehen von ganz geringfügigen stilistischen Änderungen — dem Werke *Die Schriften des Hl. Franziskus von Assisi,* Einführung, Übersetzung, Auswertung von P. Dr. Kajetan Eßer OFM und P. Dr. Lothar Hardick OFM, zweite, verbesserte Auflage. Dietrich Coelde Verlag, Werl, 1956.

Franziskus von Assisi. Die erste Darstellung des Heiligen, zweifellos zu seinen Lebzeiten gemalt (1222?). Werk eines unbekannten Malers, Subiaco

FR
FRA
CISCV
PAX
HVIC
DO
MVI

nach einer Frömmigkeit und Heiligkeit, die nach außenhin vor den Menschen in Erscheinung tritt. Und das sind die, von denen der Herr sagt: Wahrlich, ich sage euch, sie haben ihren Lohn bereits empfangen. Der Geist des Herrn aber fordert, daß unser Fleisch abgetötet und verachtet werde, niedrig und verächtlich und schändlich sei; und er strebt nach Demut und Geduld und nach dem reinen und einfältigen und wahren Frieden des Geistes, und über alles ersehnt er stets die Furcht Gottes, die Weisheit Gottes und die Liebe Gottes, des Vaters und des Sohnes und des Heiligen Geistes.

Und alles Gute wollen wir Gott, dem höchsten und erhabensten Herrn, zurückgeben und alles Gute als Sein Eigentum ansehen und für alles Dank sagen Ihm, von dem alles Gute herkommt. Und Er, der höchste und erhabenste, der wahre und einzige Gott, möge es als Sein Eigentum besitzen. Und Ihm soll man erweisen, und Er soll empfangen alle Ehre und Ehrerweisung, allen Lobpreis und jegliche Benedeiung, allen Dank und alle Herrlichkeit, Er, dem jegliches Gute zu eigen gehört, der allein gut ist. Und wenn wir sehen oder hören, daß Menschen Böses reden oder tun, oder Gott lästern, dann wollen wir Gutes sagen und Gutes tun und Gott loben, der gepriesen ist von Ewigkeit zu Ewigkeit. Amen.

23. Kapitel
Gebet, Lobpreis und Danksagung

Allmächtiger, höchster, heiligster und erhabenster Gott, heiliger und gerechter Vater, Herr und König des Himmels und der Erde, wir sagen Dir Dank um Deiner selbst willen, weil Du durch Deinen heiligen Willen und durch Deinen eingeborenen Sohn mit dem Heiligen Geiste alles Geistige und Körperliche geschaffen und uns, geformt nach Deinem Bild und Gleichnis, ins Paradies gestellt hast. Und durch unsere eigene Schuld sind wir gefallen. Und wir sagen Dir Dank, daß Du uns durch Deinen Sohn erschaffen und auch gleicherweise durch die wahre und heilige Liebe, mit der Du uns geliebt, ihn selbst als wahren Gott und wahren Menschen aus der allezeit glorreichen, allerseligsten, heiligen Jungfrau hast geboren werden lassen, und weil Du durch sein Kreuz, sein Blut und seinen Tod uns, die gefangen waren, hast erlösen wollen. Und wir danken Dir, weil dieser Dein Sohn wiederkommen wird in Herrlichkeit und Majestät, um die Verdammten, die nicht Buße getan und Dich nicht erkannt haben, ins ewige Feuer zu stürzen und um allen, die Dich erkannt und angebetet und Dir in Buße gedient haben, zu sagen: Kommet, ihr Gesegneten meines Vaters, nehmt das Reich in Besitz, das euch bereitet ist vom Anbeginn der Welt.

Und da wir Elenden und Sünder allesamt nicht würdig sind, Deinen Namen zu nennen, so bitten wir in Demut, unser Herr Jesus Christus, Dein geliebter Sohn, an dem Du Dein Wohlgefallen hast, er möge mit dem Heiligen Geiste, dem Tröster, Dir für alles Dank sagen, so wie es Dir und ihnen gefällt. Er ist es ja, der Dir stets für alles zur Genüge ist, durch den Du uns so viel gegeben hast. Alleluja.

Und die glorreiche, seligste, allzeit jungfräuliche Mutter Maria, die seligen Michael, Gabriel, Raphael und alle Chöre der seligen Geister: die Seraphim, die Cherubim und die Throne, die Herrschaften, die Fürstentümer und die Mächte, die Kräfte, die Engel, die Erzengel; den seligen Johannes den Täufer, Johannes den Evangelisten, Petrus, Paulus und die seligen Patriarchen, die Propheten, die Unschuldigen Kinder, die Apostel, Evangelisten, Jünger, Märtyrer, Bekenner, Jungfrauen, die seligen Elias und Henoch und alle Heiligen, die da waren, sein werden und jetzt sind, sie alle bitten wir um Deiner Liebe willen in Demut, daß sie so, wie es Dir gefällt, für all das Dank sagen Dir, dem höchsten und wahren Gott, dem Ewigen und Lebendigen, mit Deinem vielgeliebten Sohne, unserm Herrn Jesus Christus, und dem Heiligen Geiste, dem Tröster, von Ewigkeit zu Ewigkeit. Amen. Alleluja.

Und alle, die in der heiligen, katholischen und apostolischen Kirche Gott dem Herrn dienen wollen, und alle kirchlichen Stände, die Priester, Diakone, Subdiakone, Akolythen, Exorzisten, Lektoren, Ostiarier und alle Kleriker, alle männlichen und weiblichen Ordensleute, alle Kinder, die Knaben und die Mädchen, die Armen und Notleidenden, die Könige und Fürsten, die Arbeiter, Bauern, die Diener und die Herren, alle Jungfrauen, die Ehelosen und die Verheirateten, die Laien, Männer und Frauen, alle Unmündigen, die Heranwachsenden, die Jünglinge und Greise, die Gesunden und Kranken, alle Kleinen und Großen und alle Völker, Geschlechter, Stämme und Zungen, alle Nationen und alle Menschen auf der ganzen Welt, die da sind und noch sein werden, die bitten wir Minderen Brüder alle, wir unnützen Knechte, demütig und inständig, wir möchten doch alle im wahren Glauben und in der Buße ausharren; denn anders kann niemand gerettet werden. Wir alle wollen aus ganzem Herzen, aus ganzer Seele, aus ganzem Sinn, mit aller Kraft und Stärke, mit allen Kräften des Geistes und Leibes, mit aller Hingabe und Zuneigung, aus innerstem Herzen, mit all unserem Wünschen und unserer Willenskraft Gott den Herrn lieben, der uns allen den ganzen Leib, die ganze Seele und das ganze Leben geschenkt hat und immer noch schenkt. Er hat uns geschaffen und erlöst und wird uns allein durch Sein Erbarmen retten, der uns elenden und armseligen, üblen und abscheulichen, undankbaren und bösen Menschen alles Gute erwiesen hat und erweist.

Nichts anderes wollen wir darum ersehnen, nichts anderes wünschen, nichts anderes soll uns gefallen und erfreuen als unser Schöpfer und Erlöser und Heiland, der alleinige, wahrhafte Gott, der da ist die Fülle des Guten, alles Gute, das gesamte Gute, das wahre und höchste Gut, der allein gut ist, gnädig und gütig, milde und sanft, der, welcher allein heilig, gerecht, wahrhaft und geraden Sinnes ist, der

Franziskus übergibt dem Ersten Orden die Regel

allein gütig, ohne Sünde und rein ist, von dem, durch den und in dem alle Vergebung, alle Gnade, alle Herrlichkeit für alle Büßenden, alle Gerechten und alle Seligen, die sich im Himmel erfreuen, herkommt. Nichts also soll uns hindern, nichts uns trennen, nichts uns scheiden. Überall, an jedem Orte, zu jeder Stunde und zu jeder Zeit, täglich und unablässig, aufrichtig und in Demut wollen wir allzumal an Ihn glauben, Ihn im Herzen bewahren und Ihn lieben, Ihn ehren und anbeten, Ihm dienen, Ihn loben und benedeien, Ihn verherrlichen und hoch erheben, Ihn preisen und Ihm Dank erweisen, dem höchsten und erhabensten ewigen Gott, dem Dreifaltigen und Einen, dem Vater und dem Sohne und dem Heiligen Geiste, dem Schöpfer aller Dinge, dem Erlöser derer, die an Ihn glauben, auf Ihn hoffen und Ihn lieben, der ohne Anfang und ohne Ende ist, unveränderlich, unsichtbar, unaussprechlich und nicht mit Worten zu erfassen, unbegreiflich, unerforschlich, gepriesen, lobwürdig, ruhmreich und hocherhoben, erhaben, groß, milde, liebenswert, voll der Wonnen und allezeit über alles hoch zu ersehnen, von Ewigkeit zu Ewigkeit.

Im Namen des Herrn bitte ich alle Brüder, den Inhalt und Sinn dessen, was in dieser Lebensordnung zum Heile unserer Seele geschrieben steht, auswendig zu lernen und es sich häufig ins Gedächtnis zurückzurufen. Und ich flehe inständig zu Gott, Er, der Allmächtige und Dreieinige, möge alle segnen, die dieses lehren, lernen, sich zu eigen gemacht haben, es sich ins Gedächtnis zurückrufen und es im Werke vollbringen, sooft sie wiederholen und vollbringen, was hier zu unserem Heile geschrieben steht. Und ich beschwöre alle mit dem Kusse ihrer Füße, diese (Lebensordnung) von Herzen zu lieben, zu behüten und zu bewahren. Und an Statt Gottes des Allmächtigen und ermächtigt vom Herrn Papst und im Gehorsam befehle ich, Bruder Franziskus, mit Strenge, und ich gebiete, daß niemand von dem, was in der vorstehenden Lebensweise geschrieben steht, etwas streiche oder in ihr etwas Weiteres hinzuschreibe, sowie auch, daß die Brüder keine andere Regel haben dürfen.

Die Ehre sei dem Vater und dem Sohne und dem Heiligen Geiste, wie es war im Anfang so auch jetzt und immer und von Ewigkeit zu Ewigkeit. Amen.

(Zweite Regel, aus dem Jahre 1223). Diese endgültige Regel gilt noch heute für die Angehörigen des Ordens.

Erstes Kapitel
Im Namen des Herrn!

Hier beginnt die Lebensweise der Minderen Brüder.

Regel und Leben der Minderen Brüder ist dieses: unseres Herrn Jesu Christi heiliges Evangelium zu beobachten durch ein Leben in Gehorsam, ohne Eigentum und in Keuschheit.

Bruder Franziskus verspricht Gehorsam und Ehrerbietung dem Herrn Papst Honorius und seinen rechtmäßigen Nachfolgern, sowie der römischen Kirche. Und die anderen Brüder sollen verpflichtet sein, dem Bruder Franziskus und dessen Nachfolgern Gehorsam zu leisten.

Zweites Kapitel
Von denen, die dieses Leben annehmen wollen, und wie man sie aufnehmen soll.

Wenn welche dieses Leben annehmen wollen und zu unseren Brüdern kommen, dann sollen diese sie zu ihren Provinzialministern schicken. Einzig diesen und niemand sonst sei die Befugnis zugestanden, Brüder aufzunehmen.

Die Minister sollen sie jedoch sorgfältig über den katholischen Glauben und die Sakramente der Kirche prüfen. Und wenn sie dies alles glauben und gewillt sind, es treu zu bekennen und bis an ihr Ende unverbrüchlich daran festzuhalten, und wenn sie ferner keine Ehefrauen haben oder ihre Frauen — falls sie eine haben — auch schon in ein Kloster eingetreten sind oder ihnen nach Ablegung des Keuschheitsgelübdes mit Ermächtigung des Diözesanbischofs die Erlaubnis gegeben haben, und wenn ihre Frauen in solchem Alter sind, daß kein böser Verdacht über sie entstehen kann, dann sollen sie (die Minister) ihnen das Wort des heiligen Evangeliums sagen, daß sie hingehen, all ihr Eigentum verkaufen und es unter die Armen zu verteilen suchen. Wenn sie dieses nicht tun können, so genügt für sie der gute Wille. Und die Brüder und ihre Minister sollen sich davor hüten, sich um deren zeitliche Habe zu kümmern, damit sie unbehindert mit ihrer Habe das tun können, was der Herr ihnen eingeben wird. Wenn jedoch um Rat ersucht wird, dann soll es den Ministern erlaubt sein, sie an gottesfürchtige Männer zu verweisen, nach deren Rat ihre Güter an die Armen zu verteilen sind.

Hiernach sollen sie ihnen die Kleidung für die Probezeit gewähren, nämlich zwei Habite ohne Kapuze und einen Strick und Hosen

Papst Innozenz III. bestätigt die Regel. Von Benozzo Gozzoli, Montefalco, Kirche San Francesco

und einen bis zum Strick reichenden Kaparon, falls nicht den erwähnten Ministern einmal etwas anderes Gottes Willen entsprechend erscheint.

Ist das Prüfungsjahr aber vollendet, so sollen sie zum Gehorsam angenommen werden, indem sie versprechen, dieses Leben und die Regel immer zu befolgen. Und gemäß der Anordnung des Herrn Papstes soll es ihnen unter keinen Umständen erlaubt sein, aus diesem Orden auszutreten, weil nach dem heiligen Evangelium «niemand, der die Hand an den Pflug legt und rückwärts schaut, zum Reiche Gottes tauglich ist».

Und jene, die bereits den Gehorsam versprochen haben, sollen einen Habit mit Kapuze und, falls sie ihn haben wollen, einen anderen ohne Kapuze haben. Und jene, die durch Not gezwungen sind, können Schuhwerk tragen. Und alle Brüder sollen geringwertige Kleidung tragen, und unter dem Segen Gottes können sie diese durch grobe Lappen und andere Tuchstücke verstärken.

Ich ermahne und warne sie, jene Leute nicht zu verachten noch zu verurteilen, die sie weiche und farbenfrohe Kleider tragen und auserlesene Speisen und Getränke genießen sehen; vielmehr soll ein jeder sich selbst verurteilen und verachten.

Drittes Kapitel
Vom Göttlichen Offizium und vom Fasten, und wie die Brüder durch die Welt gehen sollen.

Die Kleriker sollen das Göttliche Offizium — den Psalter ausgenommen — nach dem Brauch der heiligen Kirche von Rom verrichten; darum dürfen sie Breviere haben. Die Laien aber sollen vierundzwanzig Vaterunser beten für die Matutin, für die Laudes fünf, für Prim, Terz, Sext und Non je sieben, für die Vesper aber zwölf, für die Komplet sieben, und sie sollen für die Verstorbenen beten. Und sie sollen vom Allerheiligenfeste bis zur Geburt des Herrn fasten. Wer aber freiwillig die vierzigtägige Fastenzeit hält, die von Epiphanie an volle vierzig Tage dauert, und die der Herr durch sein heiliges Fasten geweiht hat, soll vom Herrn gesegnet sein; und wer dies nicht will, soll dazu nicht verpflichtet sein. Doch die andere Fastenzeit bis zur Auferstehung des Herrn müssen sie halten. Zu anderen Zeiten aber sind sie, außer am Freitag, nicht zum Fasten gehalten. Zur Zeit offensichtlicher Not jedoch sollen die Brüder zum leiblichen Fasten nicht verpflichtet sein.

Ich rate aber meinen Brüdern, ermahne und ermuntere sie im Herrn Jesus Christus, sie sollen, wenn sie durch die Welt ziehen, nicht streiten, «noch ein Wortgezänk beginnen» oder andere beurteilen. Vielmehr sollen sie milde, friedfertig und bescheiden, sanftmütig und demütig sein und mit jedermann anständig reden, wie es sich gehört. Und sie dürfen nicht reiten, falls sie nicht durch eine offenbare Notlage oder eine Krankheit dazu gezwungen werden. Beim

Betreten eines jeden Hauses sollen sie als Erstes sagen: «Friede sei diesem Hause». Und nach dem heiligen Evangelium soll es ihnen freistehen, von allen Speisen zu essen, die man ihnen vorsetzt.

Viertes Kapitel
Daß die Brüder kein Geld annehmen sollen.

Streng verbiete ich den Brüdern insgesamt, in irgendeiner Form Münzen oder Geld anzunehmen, weder selbst noch durch einen Vermittler. Doch für die Bedürfnisse der Kranken und die Bekleidung der anderen Brüder sollen einzig die Minister und Kustoden mit Hilfe geistlicher Freunde gewissenhaft Sorge tragen nach Maßgabe der Orte, Zeiten und kälteren Gegenden, so wie es nach ihrer Ansicht der Notlage entspricht. Dies Eine aber soll unangetastet bleiben, daß sie, wie gesagt, Münzen oder Geld nicht annehmen.

Fünftes Kapitel
Von der Art zu arbeiten

Jene Brüder, denen der Herr die Gnade gegeben hat, arbeiten zu können, sollen in Treue und in Hingabe arbeiten, so daß sie zwar den der Seele schädlichen Müßiggang fernhalten, aber den Geist des heiligen Gebetes und der Hingabe nicht ersticken; ihm sollen ja die anderen zeitlichen Dinge dienen. Als Arbeitslohn können sie für sich und ihre Brüder die zum leiblichen Unterhalt notwendigen Dinge annehmen, jedoch nicht Münzen oder Geld. Und dies sollen sie in Demut tun, wie es sich für Knechte Gottes und Jünger der heiligsten Armut geziemt.

Sechstes Kapitel
Daß die Brüder nichts als ihr Eigentum erwerben dürfen sowie vom Almosensammeln und von den kranken Brüdern

Die Brüder sollen nichts als Eigentum erwerben, weder ein Haus noch eine Niederlassung noch irgendeine andere Sache. Und gleichwie Pilger und Fremdlinge, die in dieser Welt in Armut und Demut dem Herrn dienen, mögen sie voll Vertrauen um Almosen gehen und sollen sich dabei nicht schämen, weil der Herr sich um unseretwillen in dieser Welt arm gemacht hat. Dies ist jene Erhabenheit der höchsten Armut, die euch, meine innig geliebten Brüder, zu Erben und Königen des Himmelreiches eingesetzt, an Habe arm gemacht, durch Tugenden geadelt hat. Sie soll «euer Erbteil sein, der euch hingeleitet in der Lebendigen Land». Dieser sollt ihr, meine innig geliebten Brüder, mit ganzer Seele anhangen und um des Namens unseres Herrn Jesu Christi willen auf immer nichts anderes unter dem Himmel zu besitzen trachten. Und überall dort, wo die Brüder sind oder sich zusammenfinden, sollen sie sich einander als Familienglieder erweisen. Und einer soll dem andern zuversichtlich seine Not offenbaren; denn, wenn schon eine Mutter ihren leiblichen Sohn umhegt und liebt, mit wieviel größerer Sorgfalt muß einer dann seinen geistlichen Bruder lieben und umhegen! Und sollte jemand von ihnen krank werden, dann sollen die anderen Brüder ihm so dienen, wie sie selbst bedient sein möchten.

Siebentes Kapitel
Von der Buße, die sündigen Brüdern auferlegt werden soll

Sollten einzelne Brüder auf Anreiz des Bösen Feindes tödlich gesündigt haben, dann sollen diese Brüder sich möglichst bald und ohne zu warten an die Provinzialminister wenden, sofern es sich um solche Sünden handelt, für welche unter den Brüdern die Verordnung erlassen ist, daß man sich ausschließlich an die Provinzialminister wenden soll. Die Minister selbst aber sollen ihnen mit Erbarmen eine Buße auferlegen, falls sie Priester sind; sind sie jedoch nicht Priester, dann sollen sie die Buße durch andere, und zwar Priester des Ordens, auferlegen lassen, wie es ihnen nach Gottes Willen am ratsamsten erscheint. Und sie sollen sich davor hüten, zornig oder aufgebracht zu werden wegen der Sünde, die jemand begangen hat; denn Zorn und Aufregung verhindern in ihnen selbst und in den anderen die Liebe.

Achtes Kapitel
Von der Wahl des Generalministers dieser Brüderschaft und vom Pfingstkapitel

Die Brüder sollen in ihrer Gesamtheit verpflichtet sein, immer einen aus den Brüdern dieses Ordens zum Generalminister und Diener der gesamten Brüderschaft zu haben, und sind gehalten, ihm unverbrüchlich Gehorsam zu leisten. Wenn er stirbt, soll der Nachfolger von den Provinzialministern und Kustoden auf dem Pfingstkapitel gewählt werden, zu dem die Provinzialminister stets dort zusammenkommen sollen, wo es vom Generalminister festgelegt ist, und zwar einmal in drei Jahren oder zu einem anderen, späteren oder früheren Termin, so wie es der genannte Minister verfügt hat.

Und wenn es irgendwann einmal den Provinzialministern und Kustoden in ihrer Gesamtheit klar werden sollte, daß der erwähnte Minister zum Dienst und zum gemeinsamen Wohl der Brüder unzureichend sei, dann sollen die genannten Brüder, denen die Wahl überlassen ist, verpflichtet sein, sich im Namen des Herrn einen anderen zum Oberen zu wählen. Nach dem Pfingstkapitel können die

Predigende Franziskaner. Von Bonaventura Berlinghieri.
Pescia, Kirche San Francesco

Minister und Kustoden, wenn sie wollen und es ihnen nützlich zu sein scheint, noch im gleichen Jahre ihre Brüder in ihren Kustodien einmal zum Kapitel zusammenrufen.

Neuntes Kapitel
Von den Predigern

Die Brüder dürfen in der Diözese eines Bischofs nicht predigen, wenn es ihnen von diesem untersagt worden ist Und kein Bruder soll es irgendwie wagen, dem Volke zu predigen, wenn ihn nicht der Generalminister dieser Brüderschaft geprüft und bestätigt und ihm das Predigtamt übertragen hat.

Eindringlich ermahne ich diese Brüder, daß die Worte der Predigt, die sie halten, durchdacht und lauter sein sollen zum Wohle und zur Erbauung des Volkes, indem sie zu ihnen von den Lastern und den Tugenden, der Strafe und der Herrlichkeit in kurzen Worten sprechen, denn ein kurzgefaßtes Wort hat der Herr auf Erden gesprochen.

Zehntes Kapitel
Von der Ermahnung und der Zurechtweisung der Brüder

Diejenigen Brüder, die Minister und Diener der anderen Brüder sind, sollen ihre Brüder aufsuchen und ermahnen und sie in Demut und Liebe zurechtweisen, ohne ihnen etwas zu befehlen, was gegen ihre Seele oder unsere Regel verstoßen würde.

Die Brüder aber, die Untergebene sind, sollen bedenken, daß sie um Gottes Willen auf ihren eigenen Willen verzichtet haben. Daher gebiete ich ihnen streng, daß sie ihren Ministern Gehorsam leisten in allen Dingen, die sie dem Herrn versprochen haben, und die nicht gegen die Seele und unsere Regel sind.

Und falls irgendwo Brüder sind, die wissen und erkennen sollten, daß sie dem Geiste der Regel gemäß nicht leben können, dann sollen und dürfen sie sich an ihre Minister um Beistand wenden. Die Minister aber sollen sie voll Liebe und Güte aufnehmen und ihnen mit so großer und herzlicher Liebe begegnen, daß sie mit ihnen reden und umgehen können wie Herren mit ihren Dienern; denn so muß es sein, daß die Minister die Diener aller Brüder sind.

Ich ermahne jedoch im Herrn Jesus Christus dringend, daß die Brüder sich hüten mögen vor allem Stolz, eitler Ruhmsucht, Neid, Habsucht, der Sorge und dem geschäftigen Treiben dieser Welt, vor Ehrabschneiden und Murren. Und die keine wissenschaftlichen Kenntnisse haben, dürfen nicht danach trachten, sich wissenschaftliche Bildung zu verschaffen, sie sollen vielmehr danach streben, den Geist des Herrn zu besitzen und sein heiliges Wirken, daß sie allezeit mit reinem Herzen zu ihm beten, Demut und Geduld in Verfolgung und Krankheit bewahren und jene lieben, die uns verfolgen, tadeln und anschuldigen; denn der Herr sagt: «Liebet eure Feinde und betet für jene, welche euch verfolgen und verleumden!» «Selig, die Verfolgung leiden um der Gerechtigkeit willen, denn ihrer ist das Reich der Himmel.» «Wer aber ausharrt bis ans Ende, der wird gerettet werden.»

Elftes Kapitel
Daß die Brüder die Klöster der Nonnen nicht betreten dürfen

Nachdrücklich verbiete ich den Brüdern insgesamt, Verdacht erregende Beziehungen oder Beratungen mit Frauen zu unterhalten und die Klöster der Nonnen zu betreten, jene Brüder ausgenommen, de-

Sieben Franziskaner erleiden in Ceuta den Märtyrertod
Von Taddeo Gaddi. Florenz, Accademia

nen vom Apostolischen Stuhle eine besondere Erlaubnis gegeben worden ist.

Ebenso sollen sie keine Patenstelle über Männer oder Frauen annehmen, damit nicht bei diesem Anlaß unter den Brüdern oder durch die Brüder ein Ärgernis entsteht.

S: FRĀCISCUS

Zwölftes Kapitel
Von denen, die unter die Sarazenen oder andere Ungläubige gehen

Alle Brüder, die auf göttliche Eingebung hin unter die Sarazenen oder andere Ungläubige gehen wollen, sollen dazu von ihren Provinzialministern die Erlaubnis erbitten. Doch die Minister sollen nur jenen die Erlaubnis zur Reise erteilen, die sie für diese Sendung geeignet erachten.

Außerdem lege ich den Ministern im Gehorsam die Pflicht auf, vom Herrn Papst einen Kardinal der heiligen Römischen Kirche zu erbitten, der diese Brüderschaft lenke, in Schutz und in Zucht nehme, auf daß wir, allezeit den Füßen dieser heiligen Kirche untertan und unterworfen, feststehend im katholischen Glauben, die Armut und Demut und das heilige Evangelium unseres Herrn Jesus Christus beobachten, was wir fest versprochen haben.

Testament des heiligen Franziskus

1. So hat der Herr mir, dem Bruder Franziskus, gegeben, das Leben in Buße zu beginnen: denn, da ich in Sünden war, erschien es mir unerträglich bitter, Aussätzige anzublicken. Und der Herr selbst hat mich unter sie geführt, und ich habe ihnen Barmherzigkeit erwiesen. Und während ich fortging von ihnen, wurde mir gerade das, was mir bitter schien, in Süßigkeit der Seele und des Leibes verwandelt. Und danach verweilte ich nur kurze Zeit und verließ die Welt.

2. Und der Herr verlieh mir in den Kirchen einen solchen Glauben, daß ich in Einfalt also betete und sprach: «Wir beten Dich an, Herr Jesus Christus – und in allen Deinen Kirchen, die in der ganzen Welt sind, und wir preisen Dich, weil Du durch Dein heiliges Kreuz die Welt erlöst hast.»

3. Weiter gab und gibt mir der Herr zu den Priestern, die nach der Vorschrift der heiligen Römischen Kirche leben, ein solch großes Vertrauen wegen ihrer Weihe, daß ich, wenn sie mich verfolgen würden, dennoch zu ihnen meine Zuflucht nehmen will. Und wenn ich solch große Weisheit besäße, wie Salomon sie gehabt hat, und fände armselige Priester dieser Welt – in den Pfarreien, in denen sie

Franziskus von Assisi
Werk eines unbekannten Künstlers, etwa 50 Jahre nach dem Tod des Heiligen gemalt. Siena

wohnen, will ich nicht ohne ihren Willen predigen. Und diesen und allen anderen will ich Ehrfurcht erweisen, will sie lieben und ehren wie meine Herren. Und ich will bei ihnen nicht die Sünde beachten, weil ich den Sohn Gottes in ihnen erblicke und sie meine Herren sind. Und deswegen tue ich das, weil ich in dieser Welt von Ihm, dem höchsten Sohne Gottes, leiblicherweise nichts sehe als seinen heiligsten Leib und sein heiligstes Blut, das diese empfangen und sie allein anderen darreichen. Und ich will, daß diese heiligsten Geheimnisse über alles geehrt, angebetet und an kostbaren Stellen aufbewahrt werden. Seine niedergeschriebenen heiligsten Namen und Worte will ich aufsammeln, wo immer ich sie an ungehörigen Stellen finde, und ich bitte darum, man möge sie aufsammeln und an ehrbarer Stelle niederlegen. Und alle Gottesgelehrten und jene, die uns die heiligsten Worte Gottes vortragen, müssen wir hochachten und ihnen Ehrerbietung erzeigen als solchen, die uns Geist und Leben spenden.

4. Und nachdem mir der Herr Brüder gegeben hatte, zeigte mir niemand, was ich zu tun hätte, sondern der Allerhöchste selbst hat mir geoffenbart, daß ich nach der Weise des heiligen Evangeliums leben solle. Und ich habe es mit wenigen Worten und schlicht aufschreiben lassen, und der Herr Papst hat es mir bestätigt. Und jene, die da kamen, dies Leben anzunehmen, gaben alles, was sie haben mochten, den Armen. Und sie waren zufrieden mit einem Habit, der innen und außen geflickt war, mit einem Strick und den Hosen. Und mehr wollten wir nicht haben. Die Tagzeiten beteten wir Kleriker wie andere Kleriker, die Laien beteten das Vaterunser. Und sehr gern verweilten wir in den Kirchen. Und wir waren ungebildet und jedermann untertan.

5. Und ich arbeitete mit meinen Händen und will arbeiten. Und ich will nachdrücklich, daß alle anderen Brüder einer Arbeit nachgehen, die ehrbar ist. Die das nicht können, sollen es lernen nicht aus Sucht, für die Arbeit einen Lohn zu erhalten, sondern um des Beispiels willen und um den Müßiggang zu vertreiben. Und wenn uns einmal der Arbeitslohn nicht gegeben werden sollte, so wollen wir zum Tische des Herrn Zuflucht nehmen und von Tür zu Tür um Almosen bitten.

6. Als Gruß, so hat mir der Herr geoffenbart, sollten wir sagen: «Der Herr gebe dir den Frieden.»

7. Hüten mögen sich die Brüder, daß sie Kirchen, ärmliche Wohnungen und alles, was für sie gebaut wird, in keinem Falle annehmen, wenn sie nicht sind, wie es der heiligen Armut entspricht, die wir in der Regel versprochen haben; wir sind ja dort immer nur zu kurzem Verweilen wie Fremdlinge und Pilger.

8. Ich befehle streng im Gehorsam allen Brüdern, wo sie auch

Eigenhändiger Brief
des hl. Franziskus an den Bruder Leo (1224?)
Spoleto, Dom

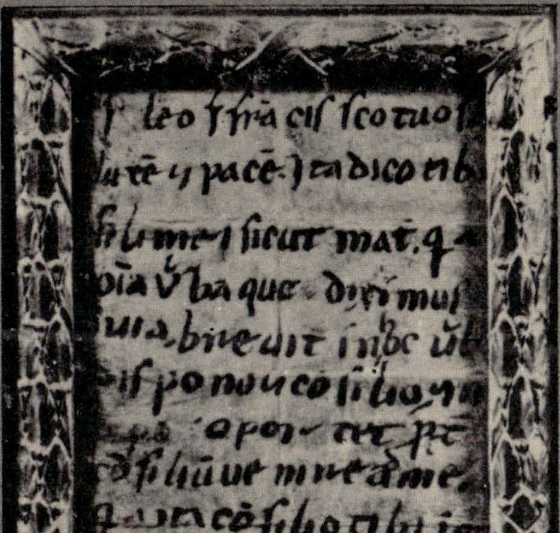

F leo f fra ciss sco tuo s
lutē et pacē. Ita dico tib
fili mi sicut mat. q
oīa u̇ba que dixi mus
uia. bꝛeuit in hoc ūb
dispono et cōsilio. et si
[illegible] oportet ꝑꝑ
cōsiliū ue nire ad me
quia ita cōsilio tibi q
cūq modo meli us
de ti placere dn̄o
deo et sequi ... grā ...
ꝑtate sua faciatis
cū benedictione d
et mea obedientia
et si tibi est necessari
anima tua ꝑꝑt aliā
cōsolatione tua et
[illegible]

sind, daß sie nicht wagen sollen, irgendeinen Schutzbrief bei der römischen Kurie zu erbitten, weder selbst noch durch einen Vermittler, weder für eine Kirche noch für irgendeinen anderen Ort, weder unter dem Vorwande der Predigt noch wegen leiblicher Verfolgung. Vielmehr sollen sie, falls man sie irgendwo nicht aufgenommen hat, in ein anderes Land fliehen, um dort mit Gottes Segen Buße zu tun.

9. Und es ist mein fester Wille, dem Generalminister dieser Bruderschaft zu gehorchen und weiter dem Guardian, den er mir nach seinem Ermessen geben mag. Und derart will ich als ein Gefangener in seinen Händen sein, daß ich ohne den Gehorsam gegen ihn und ohne seinen Willen nicht gehen noch handeln kann, weil er mein Herr ist. Und obgleich ich einfältig und krank bin, will ich doch immer einen Kleriker haben, der mir das Offizium hält, wie es in der Regel steht.

10. Und alle anderen Brüder sollen verpflichtet sein, in gleicher Weise ihren Guardianen zu gehorchen und die Tagzeiten nach der Vorschrift der Regel zu beten. Und sollte man solche finden, daß sie die Tagzeiten nicht nach der Regelvorschrift beteten und eine andere, abweichende Art einführen wollten oder nicht katholisch wären – alle Brüder, wo sie auch sind, sollen im Gehorsam verpflichtet sein, daß sie einen solchen, wo sie ihn auch finden, dem nächsten Kustos des Ortes, wo sie ihn gefunden haben, vorführen müssen. Und der Kustos soll streng im Gehorsam verpflichtet sein, ihn wie einen Gefangenen bei Tag und Nacht scharf zu bewachen, so daß er seinen Händen nicht entrissen werden kann, bis er ihn in eigener Person den Händen seines Ministers übergibt. Und der Minister soll streng im Gehorsam verpflichtet sein, ihn durch solche Brüder zu schicken, die ihn bei Tag und Nacht wie einen Gefangenen bewachen, bis sie ihn vor den Herrn von Ostia gebracht haben, welcher der Herr der gesamten Brüderschaft ist und sie in Schutz und in Zucht nimmt.

11. Und die Brüder sollen nicht sagen: «Dies ist eine andere Regel», denn dies ist eine Erinnerung, Ermahnung und Ermunterung und mein Testament, das ich, der ganz geringe Bruder Franziskus, euch, meinen gebenedeiten Brüdern, aus dem Grunde mache, daß wir die Regel, die wir zu halten dem Herrn versprochen haben, besser katholisch beobachten.

12. Und der Generalminister und alle anderen Minister und Kustoden sollen im Gehorsam verpflichtet sein, bei diesen Worten weder Zusätze noch Abstriche vorzunehmen. Und allezeit sollen sie dieses Schreiben neben der Regel bei sich haben. Und auf allen Kapiteln, die sie halten, sollen sie auch diese Worte verlesen, wenn sie die Regel verlesen. Und allen meinen Brüdern, den Klerikern und den Laien, befehle ich streng im Gehorsam, daß sie keine Erklärungen zur Regel oder zu diesen Worten anfügen und sagen: «So wollen sie verstanden werden.» Sondern wie mir der Herr gegeben hat, die Regel und diese Worte schlicht und klar zu sagen und zu schreiben, so schlicht und ohne Erklärung sollt ihr sie verstehen und mit heiligem Wirken bis ans Ende beobachten.

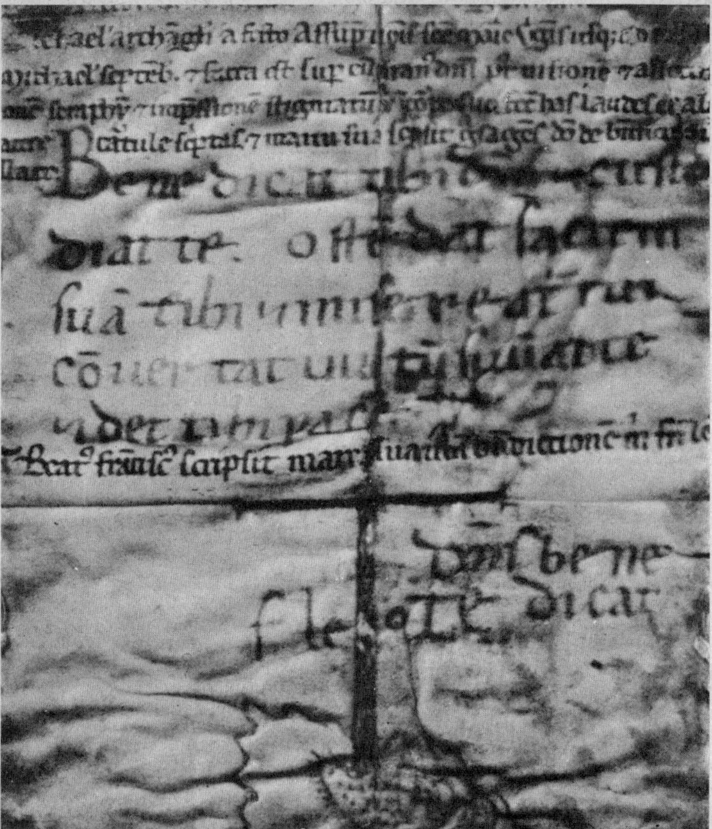

Handschriftlicher Segen des hl. Franziskus an Bruder Leo, einige Tage nach seiner Stigmatisation erteilt. Die Signatur des Heiligen ist das T des Kreuzes von Golgatha. Assisi, Basilika

13. Und ein jeder, der dies beobachtet, werde im Himmel erfüllt mit dem Segen des allerhöchsten Vaters und werde auf Erden erfüllt mit dem Segen seines geliebten Sohnes in Gemeinschaft mit dem Heiligsten Geiste, dem Tröster, und mit allen Kräften der Himmel und allen Heiligen. Und ich, Bruder Franziskus, euer ganz geringer Diener, bestätige euch, soviel ich nur kann, innen und außen diesen heiligsten Segen.

Franziskus v. Assisi. Von Margaritone d'Arezzo. Siena, Kirche San Francesco

Schreiben an das Kapitel der Minderbrüder (Auszüge)

Der Brief und die Ermahnung unseres hochseligen Vaters Franziskus, die er an das Kapitel sandte, als er krank war.

Im Namen der höchsten Dreifaltigkeit und heiligen Einheit, des Vaters und des Sohnes und des Heiligen Geistes. Amen.

Allen hochwürdigen und viellieben Brüdern, dem Bruder A., dem Generalminister des Ordens der Minderen (Brüder), seinem Herrn, und den anderen Generalministern, die nach ihm sein werden, und allen in Christo demütigen Ministern und Kustoden und Priestern dieser Brüderschaft und allen einfachen und gehorsamen Brüdern, den ersten und den letzten, wünscht Bruder Franziskus, ein unbedeutender und schwächlicher Mensch, euer ganz geringer Knecht, Heil in Dem, der uns erlöst und in Seinem überaus kostbaren Blute gewaschen hat — wenn ihr Seinen Namen hört, so betet Ihn an mit Furcht und Ehrerbietung, tief zur Erde gebeugt — der Herr Jesus Christus, dessen Name *Sohn des Allerhöchsten* ist, der gebenedeit ist in Ewigkeit. Amen.

Hört, ihr Herren Söhne und meine Brüder, und vernehmt mit euren Ohren meine Worte. Neigt das Ohr eures Herzens und hört auf die Stimme des Sohnes Gottes. Haltet Seine Gebote mit eurem ganzen Herzen und erfüllt Seine Räte mit ganzer Seele. Lobpreiset Ihn, denn Er ist gut, und verherrlicht Ihn mit euren Werken. Denn dazu hat Er euch in alle Welt gesandt, daß ihr durch Wort und Werk für Seine Stimme Zeugnis ablegt und alle wissen laßt, daß niemand allmächtig ist außer Ihm. Verharret in der Zucht und im heiligen Gehorsam, und was ihr Ihm mit gutem und festem Vorsatz versprochen habt, das erfüllt. Wie Seinen Kindern bringt sich Gott der Herr euch dar.

Daher bitte ich euch alle, meine Brüder, euch die Füße küssend, mit der Liebe, deren ich fähig bin, daß ihr alle Ehrfurcht und alle Ehre, die ihr nur darzubringen vermögt, dem heiligsten Leib und dem heiligsten Blut unseres Herrn Jesus Christus erweist, in dem allem, was im Himmel und was auf Erden ist, der Friede gebracht und in dem es mit dem allmächtigen Gott ausgesöhnt ist . . .

Höret, meine Brüder: Wenn die selige Jungfrau Maria so geehrt wird, wie es ja geziemend ist, weil sie Ihn in ihrem heiligsten Schoße getragen hat, wenn der selige Täufer erzitterte und es nicht wagte, den heiligen Scheitel Gottes zu berühren; wenn das Grab verehrt wird, in dem er eine Zeitlang gelegen hat: wie heilig, gerecht und würdig muß dann der sein, der den Herrn, der nicht — wie einst — zu sterben kommt, sondern in Ewigkeit leben wird und verherrlicht ist, den zu schauen die Engel sich sehnen, mit den Händen berührt, mit dem Herzen und dem Munde empfängt und anderen zum Genusse darreicht!

Seht eure Würde, ihr Brüder Priester, und seid heilig, weil er selbst heilig ist! Und so wie Gott der Herr euch wegen dieses Geheimnisses über alle geehrt hat, so sollt auch ihr Ihn mehr als alle lieben, Ihm

Ehrfurcht und Ehre erweisen. Es ist ein großes Unglück und eine beklagenswerte Schwäche, wenn ihr euch, während ihr Ihn so gegenwärtig habt, noch um irgend etwas in der ganzen Welt sorgt. Der ganze Mensch erschauere, die ganze Erde erbebe, und der Himmel juble laut, wenn auf dem Altar Christus, der Sohn des lebendigen Gottes, in der Hand des Priesters ist! O wunderbare Größe und staunenswerte Herablassung! O erhabene Demut! O demütige Erhabenheit, daß der Herr des Alls, Gott und Gottes Sohn, sich so erniedrigt, um sich zu unserem Heil unter der winzigen Gestalt des Brotes zu verbergen! Ihr Brüder, seht die Demut Gottes und schüttet vor Ihm eure Herzen aus! Demütigt auch ihr euch, damit ihr von Ihm erhöht werdet! Behaltet darum nichts von euch für euch selbst, damit euch ganz aufnehme, der sich euch ganz hingibt! . . .

Überdies bekenne ich Gott, dem Vater und dem Sohn und dem Heiligen Geist und der seligen, allzeit jungfräulichen Maria und allen Heiligen im Himmel und auf Erden, dem Bruder H(elias), dem Minister unseres Ordens und allen meinen anderen gebenedeiten Brüdern alle meine Sünden. In vielen Dingen habe ich durch meine schwere Schuld gefehlt, besonders, weil ich die Regel, die ich dem Herrn gelobt, nicht gehalten und das Stundengebet, wie es die Regel vorschreibt, nicht gebetet habe, sei es aus Nachlässigkeit oder wegen meiner Krankheit oder weil ich unwissend und ungebildet bin.

Daher bitte ich inständig, so gut ich nur kann, den Generalminister Bruder H(elias), meinen Herrn, daß er die Regel von allen unverletzt beobachten lasse, und daß die Kleriker das Stundengebet mit Hingebung vor Gott verrichten mögen . . .

Ich, Bruder Franziskus, ein unnützer Mensch und ein unwürdiges Geschöpf Gottes des Herrn, sage im Herrn Jesus Christus dem Bruder H(elias), dem Minister unseres ganzen Ordens, und allen Generalministern, die nach ihm kommen werden, und den anderen Kustoden und Guardianen der Brüder, denen, die es jetzt sind und es einmal sein werden, daß sie dieses Schreiben bei sich haben, nach ihm handeln und es sorgsam aufbewahren sollen. Und ich bitte sie inständig, sorgsam zu bewahren, was darin geschrieben steht, und es noch eifriger beobachten zu lassen nach dem Wohlgefallen des allmächtigen Gottes, jetzt und immer, bis diese Welt endet.

Seid vom Herrn gesegnet, die ihr dies tut, und der Herr sei auf ewig mit euch. Amen!

Allmächtiger, ewiger, gerechter und barmherziger Gott, verleihe uns Elenden um Deiner selbst willen, das zu tun, von dem wir wissen, daß Du es willst, und immer zu wollen, was Dir gefällt, damit wir, innerlich geläutert, innerlich erleuchtet und vom Feuer des Heiligen Geistes entflammt, den Fußspuren Deines Sohnes, unseres Herrn Jesus Christus, folgen können und allein durch Deine Gnade zu Dir, Allerhöchster, zu gelangen vermögen, der Du in vollkommener Dreifaltigkeit und einfacher Einheit lebst und herrschest und verherrlicht wirst als allmächtiger Gott von Ewigkeit zu Ewigkeit. Amen.

Vater unser: unser Schöpfer, Erlöser, Erretter und Tröster.

Der Du bist in den Himmeln: in den Engeln und in den Heiligen. Du entflammst sie zum Lieben, weil Du, Herr, die Liebe bist. Du erleuchtest sie zum Erkennen, weil Du, Herr, das Licht bist. Du wohnst in ihnen und erfüllst sie zum seligen Leben, weil Du, Herr, das höchste Gut bist, das ewige Gut, von dem jegliches Gut kommt, ohne den nichts gut ist.

Geheiligt werde Dein Name: aufleuchten soll in uns die Kenntnis von Dir, damit wir erkennen die Breite Deiner Wohltaten, die Länge Deiner Verheißungen, die Höhe der Majestät und die Tiefe der Gerichte.

Zu uns komme Dein Reich: damit Du in uns durch die Gnade herrschest und uns in Dein Reich kommen lassest, wo ist die unverhüllte Anschauung Deiner selbst, die vollkommene Liebe zu Dir, die selige Gemeinschaft mit Dir, das Genießen Deiner selbst.

Dein Wille geschehe, wie im Himmel, so auch auf Erden: damit wir Dich lieben aus ganzem Herzen, indem wir immer an Dich denken; aus ganzer Seele, indem wir immer nach Dir verlangen; aus ganzem Gemüte, indem wir all unser Streben zu Dir hinlenken und Deine Ehre in allem suchen; und aus allen unseren Kräften, indem wir alle Kräfte und Sinne des Leibes und der Seele zum Gehorsam gegen Deine Liebe und für nichts anderes aufbieten. Und damit wir unsere Nächsten wie uns selbst lieben, indem wir alle nach Kräften zu Deiner Liebe hinziehen, uns über das Gute der anderen wie über das unsrige freuen und in Widerwärtigkeiten Mitleid mit ihnen haben und niemand irgendwie beleidigen.

Unser tägliches Brot: Deinen geliebten Sohn, unseren Herrn Jesus Christus, gib uns heute: damit wir der Liebe, die er zu uns getragen, sowie dessen, was er für uns gesprochen, getan und erduldet hat, gedenken und es erkennen und verehren.

Und vergib uns unsere Schuld: durch Dein unaussprechliches Erbarmen und durch das unsagbare Leiden Deines geliebten Sohnes, unseres Herrn Jesus Christus, und durch die mächtige Fürsprache der seligsten Jungfrau Maria sowie durch die Verdienste und Fürbitten all Deiner Auserwählten.

Wie auch wir vergeben unseren Schuldigern: und was wir nicht vollkommen vergeben, mach Du, o Herr, daß wir es gänzlich vergeben, damit wir die Feinde um Deinetwillen wahrhaft lieben und für sie bei Dir ergeben Fürsprache einlegen, wir niemandem Böses mit Bösem vergelten und allen in Dir nützlich zu sein uns bemühen.

---

1 Dieses Gebet wird bisweilen dem heiligen Franziskus zugeschrieben, doch werden von der Forschung schwerwiegende Gründe hiergegen angeführt. Anm. d. Übers.

Und führe uns nicht in Versuchung: eine verborgene oder offene, ungestüme oder unvermutete.

Sondern erlöse uns von dem Übel: dem vergangenen, gegenwärtigen und zukünftigen. Amen.

Lobgebete

Hier beginnen die Lobgebete, die unser hochheiliger Vater Franziskus zusammengestellt hat, und die er zu allen Horen des Tages und der Nacht und vor den Tagzeiten der seligen Jungfrau Maria betete:

Heilig, heilig, heilig ist der Herr, der allmächtige Gott, der ist und der war und der kommen wird.

R. Laßt uns Ihn loben und über alles erheben in Ewigkeit.

Würdig bist Du, Herr, unser Gott, zu empfangen Lob, Herrlichkeit und Ehre und Preis.

R. Laßt uns Ihn loben und über alles erheben in Ewigkeit.

Würdig ist das Lamm, das geschlachtet worden ist, zu empfangen Macht und Göttlichkeit und Weisheit und Stärke und Ehre und Herrlichkeit und Lobpreis.

R. Laßt uns Ihn loben und über alles erheben in Ewigkeit.

Laßt uns preisen den Vater und den Sohn mit dem Heiligen Geiste.

R. Laßt uns Ihn loben und über alles erheben in Ewigkeit.

Preiset den Herrn, alle Werke des Herrn.

R. Laßt uns Ihn loben und über alles erheben in Ewigkeit.

Lobpreiset unseren Gott, ihr Seine Diener alle und die ihr Gott fürchtet, Kleine und Große.

R. Laßt uns Ihn loben und über alles erheben in Ewigkeit.

Loben sollen Ihn, den Glorreichen, die Himmel und die Erde und jegliche Kreatur, die im Himmel und auf der Erde und unter der Erde ist, das Meer und was in ihm sich befindet.

R. Laßt uns Ihn loben und über alles erheben in Ewigkeit.

Ehre sei dem Vater und dem Sohne und dem Heiligen Geiste.

R. Laßt uns Ihn loben und über alles erheben in Ewigkeit.

Wie es war im Anfang, so auch jetzt und allezeit und in Ewigkeit. Amen.

R. Laßt uns Ihn loben und über alles erheben in Ewigkeit.

Gebet: Allmächtiger, heiligster, höchster und erhabenster Gott, Du alles Gut, höchstes Gut, ganzes Gut, der Du allein der Gute bist, Dir wollen wir erweisen alles Lob, alle Herrlichkeit, allen Dank, alle Ehre, allen Preis und alles Gute. Es geschehe, es geschehe! Amen.

Franziskus vernimmt Gottes Wort. Miniatur des 13. Jahrhunderts, Carpentras

Lobpreis Gottes

Du bist der heilige Herr, Gott allein. Wunderwerke vollbringst Du.
Du bist der Starke.
Du bist der Große.
Du bist der Höchste.
Du bist der allmächtige König, Du heiliger Vater, König des Himmels und der Erde.
Du bist der Dreifaltige und der Eine, Herr und Gott, alles Gut.
Du bist das Gute, alles Gut, das höchste Gut, Herr und Gott, lebendig und wahr.
Du bist die Liebe, die Minne.
Du bist die Weisheit.
Du bist die Demut.
Du bist die Geduld.
Du bist die Sicherheit.
Du bist die Ruhe.
Du bist die Freude und das Frohlocken.
Du bist die Gerechtigkeit und das Maßhalten.
Du bist aller Reichtum zur Genüge.
Du bist die Schönheit.
Du bist die Milde.
Du bist der Beschützer.
Du bist der Wächter und der Beschirmer.
Du bist die Stärke.
Du bist die Erquickung.
Du bist unsere Hoffnung.
Du bist unser Glaube.
Du bist unsere große Wonne.
Du bist unser ewiges Leben, großer und wunderbarer Herr, allmächtiger Gott, barmherziger Heiland.

Der Sonnengesang

Höchster, allmächtiger, gütiger Herr,
Dein sind der Lobpreis, die Herrlichkeit, die Ehre und jegliche Segnung.
Dir allein, Höchster, gebühren sie,
und kein Mensch ist würdig, Deinen Namen zu nennen.
Gelobt seist Du, Herr, mit allen Deinen Geschöpfen,
besonders dem Herrn Bruder Sonne,
welcher der Tag ist, und durch den Du uns leuchtest.
Und er ist schön und strahlend mit großem Glanze,
von Dir, Höchster, trägt er den Sinn.

Gelobt seist Du, Herr, für Schwester Mond und die Sterne.
Du hast sie im Himmel gebildet, hell, köstlich und schön.

Gelobt seist Du, Herr, für Bruder Wind
und für Luft und Wolke und Himmelsblau und jedwedes Wetter,
wodurch Du Deine Geschöpfe erhältst.

Gelobt seist Du, Herr, für Schwester Wasser,
gar nützlich ist sie und demütig und köstlich und keusch.

Gelobt seist Du, Herr, für Bruder Feuer,
durch den Du die Nacht erleuchtest,
und schön ist er und fröhlich und rüstig und stark.

Gelobt seist Du, Herr, für unsere Schwester, die Mutter Erde,
die uns erhält und uns leitet
und mancherlei Früchte hervorbringt nebst bunten Blumen und Kräutern.

Gelobt seist Du, Herr, für alle, welche verzeihen aus Liebe zu Dir,
und Krankheit ertragen und Not,
selig, die ausharren in Frieden,
denn sie werden, Höchster, durch Dich die Krone empfangen.

Gelobt seist Du, Herr, für unsere Schwester, das leibliche Sterben,
dem kein lebender Mensch entrinnen kann.
Weh jenen, die in Todsünden verscheiden.
Selig, die Deinem heiligsten Willen sich fügen,
denn der zweite Tod wird ihnen kein Leid antun.

Lobet und preiset den Herrn und saget Ihm Dank
und dient Ihm in großer Ergebung.

Die Liebe, die er um des Schöpfers willen zu allen Geschöpfen trug

Es wäre zu weitschweifig und unmöglich, alles aufzuzählen und zu sammeln, was der glorreiche Vater Franziskus getan und gelehrt, solange er im Fleische wandelte. Denn wer könnte je das Übermaß seiner Liebe zum Ausdruck bringen, mit der er für alles, was Gutes ist, beseelt war? Wer vermöchte die Süßigkeit zu schildern, die er empfand, wenn er in den Geschöpfen die Weisheit des Schöpfers, seine Macht und Güte betrachtete? Wahrlich, er wurde bei dieser Betrachtung oft mit wunderbarer und unaussprechlicher Freude erfüllt, so, wenn er zur Sonne aufschaute, den Mond betrachtete, zu den Sternen und zum Firmament aufblickte. O einfältige Frömmigkeit, o fromme Einfalt! — Selbst gegen die Würmlein entbrannte er in übergroßer Liebe, weil er vom Erlöser das Wort gelesen hatte: «Ein Wurm bin ich, nicht mehr ein Mensch.» Deshalb pflegte er sie vom Wege aufzusammeln und legte sie an einem geschützten Ort nieder, damit sie nicht von den Vorübergehenden mit den Füßen zertreten würden. — Was soll ich von den anderen niedrigen Geschöpfen sagen? Ließ er doch den Bienen im Winter, damit sie nicht vor Kälte und Frost zugrunde gingen, Honig oder besten Wein hinstellen. Ihre emsige Arbeit und ihren vorzüglichen Instinkt pries er zu Ehren des Herrn so hoch, daß er oft einen ganzen Tag auf ihr und der anderen Geschöpfe Lob verwandte; denn wie einst die drei Jünglinge im brennenden Feuerofen alle Elemente zum Lobe und zur Verherrlichung des Weltschöpfers einluden, so ließ auch dieser Mann, voll des Geistes Gottes, nicht ab, in allen Elementen und Geschöpfen den Schöpfer und Lenker aller Dinge zu verherrlichen, zu loben und zu preisen.

Wie erheiterte doch seinen Geist die Blumenpracht, wenn er ihre reizende Gestalt sah, und ihren lieblichen Duft einsog! Sofort lenkte er sein betrachtendes Auge auf die Schönheit jener Blume, die leuchtend zur Lenzfestzeit aus der Wurzel Jesse hervorging und durch ihren Duft Tausende und aber Tausende von Toten belebte. Und wenn er eine große Anzahl von Blumen fand, dann predigte er ihnen und lud sie zum Lob des Herrn ein, als ob sie vernunftbegabte Wesen wären. So erinnerte er auch Saatfelder und Weinberge, Steine und Wälder und die ganze liebliche Flur, die rieselnden Quellen und alles Grün der Gärten, Erde und Feuer, Luft und Wind in lauterster Reinheit an die Liebe Gottes und mahnte sie zu freudigem Gehorsam. — Endlich nannte er alle Geschöpfe «Bruder» und erfaßte in einer einzigartigen und für andere ungewohnten Weise mit dem scharfen Blick seines Herzens die Geheimnisse der Geschöpfe; war er doch schon zur Freiheit der Gotteskinder in ihrer Herrlichkeit gelangt. — Nun lobt er im Himmel mit den Engeln Dich, o guter Jesus, den Wunderbaren, er, der schon auf Erden allen Geschöpfen dies als den liebeswürdigen gepredigt hat.

Der Trasimenische See. Auf eine seiner Inseln zog sich Franziskus im Jahre 1219 zurück

Eine Liebe, über alles menschliche Begreifen hinaus, ergriff ihn, wenn er Deinen Namen, heiliger Herr, nannte. Dann war er ganz des Jubels und der keuschesten Freude voll, und er schien wirklich ein neuer Mensch zu sein und aus einer anderen Welt zu stammen. – Wenn er daher irgendwo, sei es auf der Straße oder in einem Hause oder auf dem Boden etwas Geschriebenes fand, mochte es von Gott handeln oder den Menschen, so hob er es mit der größten Ehrfurcht auf und legte es an einem heiligen oder ehrbaren Ort nieder, aus Besorgnis nämlich, es könnte der Name des Herrn oder ein auf ihn sich beziehendes Wort darauf geschrieben sein. – Als ihn eines Tages ein Bruder fragte, warum er auch die Schriften der Heiden und solche, in denen der Name des Herrn nicht stand, so eifrig sammle, antwortete er: «Mein Sohn, weil in ihnen die Buchstaben vorkommen, aus denen man den glorwürdigsten Namen des Herrn, unseres Gottes, zusammensetzen kann. Auch eignet das Gute, das sich dort findet, nicht den Heiden noch irgendwelchen Menschen, sondern Gott allein, dem jegliches Gute zu eigen gehört.» – Und was nicht weniger verwunderlich ist: Wenn er einige Zeilen zum Gruße oder zur Ermahnung schreiben ließ, gestattete er nicht, daß ein Buchstabe oder eine Silbe ausgestrichen werde, mochten sie auch oft überflüssig sein oder an unrechter Stelle stehen.

Wie schön, wie strahlend, wie herrlich erschien er in der Unschuld seines Lebens, in der Einfalt seiner Worte, in der Reinheit seines Herzens, in der Liebe Gottes, in der brüderlichen Liebe, in dem verzehrenden Gehorsam, in der einträchtigen Fügsamkeit, in seinem engelgleichen Antlitz! Liebenswürdig im Umgang, von Natur sanft, freundlich im Reden, taktvoll im Ermahnen, getreu im Anvertrauten, vorsichtig im Ratgeben, wirksam im Handeln, gefällig in allem; heiteren Sinnes, von angenehmer Gemütsart, besonnenen Geistes, in der Beschauung ganz versenkt, im Gebet beständig, in allem voll Feuereifer; standhaft im Vorsatz, fest in der Tugend, beharrlich in der Gnade, in allem derselbe; schnell im Verzeihen, langsam zum Zorne, frei im Geiste, begabt mit einem glänzenden Gedächtnis, scharfsinnig bei der Erörterung, umsichtig in der Wahl und einfältig in allem; streng gegen sich, gütig gegen andere, feinfühlig bei allem.

Er war ein außerordentlich redegewandter Mann mit fröhlichem Antlitz und gütigem Gesichtsausdruck, frei von Feigheit, ohne jede Überheblichkeit. Von nicht sonderlich großer Gestalt, eher klein als groß, hatte er einen nicht ausnehmend großen runden Kopf, ein etwas längliches und gedehntes Gesicht, eine ebene und niedrige Stirne, nicht besonders große schwarze, unverdorbene Augen, dunkles Haar, gerade Augenbrauen, eine gleichmäßige, gerade und feine Nase, aufwärts gerichtete, aber kleine Ohren, flache Schläfen, eine gewinnende, feurige und scharfe Sprache, eine mächtige, liebliche, klare und wohlklingende Stimme, dichte, gleichmäßige und weiße Zähne, schmale und zarte Lippen, einen schwarzen, nicht vollen Bart, einen schlanken Hals, gerade Schultern, kurze Arme, zarte Hände, lange Finger, etwas vorstehende Nägel, dünne Beine, sehr kleine Füße, eine zarte Haut, war sehr mager, trug ein rauhes Gewand, gönnte sich nur kurzen Schlaf, besaß eine überaus freigebige Hand. – Und weil er der Demütigste war, erwies er allen Menschen jegliche Sanftmut und glich sich in passender Weise dem Charakter aller an. Unter Heiligen noch heiliger, unter Sündern wie einer von ihnen. –

Stehe daher den Sündern bei, Du Liebhaber der Sünder, heiligster Vater, und würdige Dich, so bitten wir, denjenigen durch Deine glorreiche Fürsprache barmherzig wieder aufzuhelfen, die Du in Sündenschmutz kläglich darniederliegen siehst!

Thomas von Celano, Vita prima. *29. Kap.*
(Nach der Übers. von P. Engelbert Grau OFM, Dietrich Coelde Verlag, Werl, 1955)

Der Geist der Liebe und sein herzliches Mitgefühl mit den Armen

Der Vater der Armen, der arme Franziskus, der sich allen Armen gleich machte, konnte es nicht sehen, daß jemand noch ärmer war als er, nicht aus Verlangen nach eitlem Ruhm, sondern nur infolge herzlichen Mitleids. Und obwohl er sich selbst nur mit einem ganz armseligen und rauhen Habit zufrieden gab, so wünschte er doch oftmals, ihn mit einem Armen zu teilen. – Damit er aber als Armer, der doch überreich war, in seiner großen, innigen Liebe den Armen irgendwie zu Hilfe kommen könne, erbettelte er sich von den Reichen dieser Welt zu Zeiten großer Kälte einen Mantel oder Pelzstükke. Wenn diese voll Ergebenheit und mit noch größerer Bereitwilligkeit auf seine Bitten eingingen, als es der hochselige Vater von ihnen verlangte, sagte er zu ihnen: «Ich möchte das von euch in der Absicht erhalten, daß ihr es keineswegs je wieder zurückerwartet.» Und den Armen, der ihm zuerst begegnete, bekleidete er voll Freude und Jubel mit dem, was er erhalten hatte. – Tiefen Kummer empfand er, wenn er sah, daß man einem Armen Vorwürfe machte, oder wenn er jemand gegen irgendein Geschöpf ein Wort des Fluches ausstoßen hörte. Einmal fuhr ein Bruder gegen einen Armen, der um ein Almosen bat, mit den Scheltworten los: «Vielleicht bist du gar ein reicher Mann und stellst dich nur so, als ob du arm wärst.» Als der heilige Franziskus, der Vater der Armen, dies hörte, wurde er sehr betrübt, schalt den Bruder gar heftig wegen seiner Worte und hieß ihn vor dem Armen sein Kleid ausziehen, dessen Füße küssen und ihn um Verzeihung bitten. Er sagte nämlich: «Wer einen Armen schmäht, beleidigt Christus, dessen edles Abzeichen jener trägt; denn er hat sich um unseretwillen arm gemacht in dieser Welt!» – Deshalb half er wiederholt, wenn er Arme traf, die mit Holz oder anderen Lasten beladen waren, ihnen mit seinen eigenen, wenn auch recht schwachen Schultern tragen, um jenen einen Dienst zu erweisen.

Franziskus strömte über vom Geist der Liebe. Er hatte herzliches Erbarmen nicht nur mit notleidenden Menschen, sondern auch mit den stummen, vernunftlosen Tieren, mit dem, «was da kreucht und fleucht», und allen anderen beseelten und unbeseelten Geschöpfen. Unter allen Arten der Tiere aber war er mit besonderer Liebe und Zärtlichkeit den Lämmlein zugetan, weil die Demut unseres Herrn Jesus Christus in der Heiligen Schrift häufig mit der eines Lammes verglichen und passend damit in Verbindung gebracht wird. So umfing er auch alles andere, besonders wenn er darin eine sinnbildliche Ähnlichkeit mit dem Sohne Gottes finden konnte, mit großer Liebe und sah es mit noch größerer Freude. – Einmal befand er sich auf einer Reise durch die Mark Ancona. Er hatte in selbiger Stadt gerade das Wort des Herrn verkündet und reiste mit Herrn Paulus, den er als Minister über alle Brüder in dieser Provinz gesetzt hatte, weiter nach Osimo. Da traf er auf dem Felde einen Hirten, der eine Herde Ziegen und Böcke weidete. Unter der Menge der Ziegen und Böcke befand sich ein Lämmlein, das ganz demütig dahinzog und ruhig weidete. – Als es der selige Franziskus sah, blieb er stehen, und von tiefem innerem Schmerz erfaßt, seufzte er laut und sprach zu dem Bruder, der ihn begleitete: «Siehst du dort nicht das Lamm, das unter diesen Ziegen und Böcken so sanft seines Weges geht? Ebenso, sage ich dir, wandelte unser Herr Jesus Christus sanftmütig und demütig zwischen Pharisäern und Hohenpriestern. Ich bitte dich deshalb bei seiner Liebe, mein Sohn, teile mit mir das Mitleid zu diesem Lämmlein! Wir wollen einen Lösepreis für es bezahlen und es aus der Mitte dieser Ziegen und Böcke hinwegführen!»

Bruder Paulus bewunderte seinen Schmerz und begann auch seinerseits tiefes Mitleid zu empfinden. Sie hatten nichts als den wertlosen Habit, mit dem sie bekleidet waren, und so gerieten sie wegen der Bezahlung des Lösegelds in Sorge. Da kam gerade ein Kaufmann vorbei und bot ihnen das gewünschte Geld an. Die beiden aber dankten Gott, nahmen das Lamm und kamen nach Osimo. Hier begaben sie sich zum Bischof dieser Stadt, von dem sie mit großer Ehrfurcht aufgenommen wurden. Doch der Herr Bischof wunderte sich über das Lamm, das der Gottesmann mit sich führte, und über die Liebe, die er gegen dieses hegte. Als aber der Diener Christi vor ihm eine lange Gleichnisrede über das Lamm gehalten hatte, da wurde der Bischof über die Reinheit des Gottesmannes im Herzen gerührt und dankte Gott. – Als Franziskus am folgenden Tag die Stadt verließ und darüber nachsann, was er mit dem Lamm anfangen solle, ließ er es auf den Rat seines Begleiters und Mitbruders in einem Kloster der Dienerinnen Christi bei S. Severino unterbringen. Und die ehrwürdigen Mägde Christi nahmen das Lämmlein mit Freuden auf, als ob sie ein großes Geschenk von Gott erhalten hätten. Sie hüteten es lange Zeit mit großer Sorgfalt und webten von seiner Wolle einen Habit, den sie dem seligen Vater Franziskus zur Zeit eines Kapitels nach S. Maria von Portiuncula schickten. Der Heilige Gottes nahm ihn mit großer Ehrfurcht und hoher Freude entgegen, ergriff ihn, küßte ihn und lud alle Umstehenden ein, sich mit ihm zu freuen.

Das Leben der ersten Brüder

Darauf zog Franziskus, der tapfere Ritter Christi, in den Städten und Flecken umher und verkündete nicht in überredenden Worten menschlicher Weisheit, sondern in Lehre und Kraft des Geistes das Reich Gottes, predigte den Frieden, lehrte Heil und Buße zur Vergebung der Sünden. – In allem handelte er gar zuversichtlich kraft der ihm erteilten apostolischen Vollmacht, ohne sich Schmeicheleien oder verführerischer Schönrednerei zu bedienen. Er verstand sich nicht darauf, die Vergehen gewisser Menschen zu beschönigen, wohl aber zu geißeln, nicht das Leben der Sünder zu entschuldigen, sondern sie durch scharfen Tadel zu erschüttern; denn zuerst hatte er sich selbst in seinem Tun das vertraut gemacht, was er anderen in Worten an-

Franziskus pflegt einen Lahmen. Von Bonaventura Berlinghieri. Pescia, Kirche San Francesco

riet. Und da er keinen Tadler zu fürchten brauchte, trug er so beherzt die Wahrheit vor, daß auch die gelehrtesten Männer, die hohen Ruf und großes Ansehen genossen, seine Predigten bewunderten und durch seine Gegenwart von heilsamer Furcht aufgeschreckt wurden. Es liefen die Männer, es liefen die Frauen, es eilte der Klerus, es strömten die Ordensleute herzu, um den Heiligen Gottes zu sehen und zu hören, der allen ein Mann aus einer anderen Welt zu sein schien. Jedes Alter und jedes Geschlecht kam eilig herbei, die Wunderdinge zu sehen, die der Herr in unerhörter Weise durch seinen Knecht in der Welt wirkte. Es hatte den Anschein, als wäre in jener Zeit, durch die Gegenwart des heiligen Franziskus oder infolge seines Rufes, ein ganz neues Licht vom Himmel auf die Erde gesandt worden; es zerstreute alle Dunkelheit und Finsternis, die fast die ganze Erde so überlagert hatte, daß man kaum wußte, wo den Ausweg zu finden. So sehr hatte nämlich eine abgrundtiefe Gottvergessenheit und träge Nachlässigkeit gegen Gottes Gebote fast alle befallen, daß sie sich kaum aus ihren alten eingewurzelten Lastern irgendwie aufrütteln ließen.

Da strahlte Franziskus wie ein glänzender Stern in finsterer Nacht und wie der Morgen, der über die Dunkelheit sich ausbreitet. So kam es, daß sich das Aussehen des ganzen Landes in kurzer Zeit veränderte; daß es die alte Häßlichkeit ablegte und allenthalben ein fröhliches Gesicht zeigte. Gewichen ist die frühere Dürre, und rasch wuchs die Saat auf dem verwahrlosten Feld empor; auch begann der ungepflegte Weinberg wohlduftende Sprossen vor dem Herrn hervorzubringen. Er trieb liebliche Blüten und brachte ebenso herrliche und reife Früchte. Überall erscholl Danksagung und Lobgesang, so daß viele die weltlichen Sorgen von sich warfen und im Leben und in der Lehre des hochseligen Vaters Franziskus Selbsterkenntnis gewannen und nach Liebe und Verehrung des Schöpfers verlangten. — Viele aus dem Volke, Adelige und Nichtadelige, Geistliche und Laien begannen auf göttliche Eingebung hin sich dem heiligen Franziskus anzuschließen, um unter seiner Führung und Leitung für immer Dienst zu tun. Sie alle überflutete der Heilige Gottes, wie ein von himmlischer Gnade überfließender Fluß, mit Strömen von Gnadengaben und schmückte den Acker ihrer Herzen mit den Blumen der Tugenden; war er doch der auserlesene Künstler, nach dessen Vorbild, Regel und Lehre in hervorragender Weise die Kirche Christi in beiden Geschlechtern erneuert wird und die dreifache Streiterschar der Auserwählten triumphiert. Und allen gab er eine Richtschnur für ihr Leben und zeigte in Wahrheit jedem Stand den Weg zum Heil.

Besonders aber geht es uns darum, von dem Orden zu sprechen, dessen Vater und Erhalter er ebenso in Liebe wie in Bekennermut war. Hat er doch den Orden der Minderen Brüder in seinen Anfängen selbst gepflanzt und bei folgender Gelegenheit ihm diesen Namen gegeben. Als er nämlich in der Ordensregel so schreiben ließ: «Und sie sollen Mindere sein», sagte er beim Aussprechen dieses Satzes zur selben Stunde: «Ich will, daß diese Brüderschaft Orden der Minderen Brüder genannt werde.» — Und als wahrhaft Mindere Brüder, die allen untertan sind, suchten sie für sich immer einen minderen Arbeitsplatz und wollten einen minderen Dienst tun, der ihnen auch eine gewisse Unbill in Aussicht zu stellen versprach. So wollten sie verdienen, um auf dem festen Boden wahrer Demut gegründet zu sein, auf daß unter dem Segen des Himmels in ihnen der geistige Bau aller Tugenden erstehe. — In der Tat erhob sich auf diesem festen Fundament ein herrlicher Bau der Liebe aus lebendigen Steinen, die, aus allen Teilen der Welt zusammengehäuft, sich zur Wohnung des Heiligen Geistes zusammenfügten. Von welcher Liebesglut waren die neuen Jünger Christi entflammt! Welche Liebe zu frommer Gemeinschaft war in ihnen lebendig! Wenn sie sich nämlich irgendwo trafen oder sich auf dem Weg gelegentlich begegneten, sprang ein Pfeil geistiger Liebe über, der über alle natürlichen Zuneigungen den Samen einer wahren, höheren Liebe streute. Was ist damit gemeint? Züchtige Umarmungen, zarte Hinneigung, heiliger Kuß, traute Gespräche, bescheidenes Lächeln, frohe Mienen, unverdorbenes Auge, demütige Aufmerksamkeit, gewinnende Sprache, freundliche Antwort, dasselbe Ziel, pünktlicher Gehorsam, unermüdliche Dienstfertigkeit.

Und zwar verlangten sie, da sie alles Irdische verachteten und sich selbst niemals mit selbstischer Liebe liebten, sondern die ganze Innigkeit ihrer Liebe auf die Gemeinschaft ergossen, sich selbst als Kaufpreis zu geben, um ohne Unterschied der Not des Bruders zu Hilfe zu kommen. Voll Sehnsucht suchten sie zusammenzukommen, um so größer war ihre Freude zusammen zu sein, schwer war dagegen auf beiden Seiten die Trennung voneinander, bitter das Scheiden, hart das Geschiedensein. – Doch nichts wagten die gehorsamsten Ritter den Befehlen des heiligen Gehorsams vorzuziehen, ja, sie hielten sich schon bereit, den Befehl auszuführen, bevor noch das Wort des Gehorsams ausgesprochen war; und da sie an den Befehlen nichts zu deuteln wußten, stürzten sie sich ohne jede Widerrede, gewissermaßen Hals über Kopf, auf jeden Auftrag. – Als «Jünger der heiligsten Armut» liebten sie nichts, weil sie nichts besaßen; folglich brauchten sie auch nicht zu fürchten, etwas zu verlieren. Sie waren zufrieden mit einem einzigen Habit, der oft noch innen und außen geflickt war. Nichts Gepflegtes war an ihm, sondern lauter Verachtung und Ärmlichkeit, damit sie darin völlig der Welt gekreuzigt erscheinen möchten. Sie waren mit einem Strick umgürtet und trugen geringwertige Hosen; bei all dem zu verharren und nichts weiter zu besitzen, war ihr frommes Ziel. – Deshalb waren sie überall voller Zuversicht, von keiner Furcht befangen, von keiner Sorge zerstreut, und ohne alle Besorgnis sahen sie dem morgigen Tag entgegen; sie ängstigten sich nicht im geringsten um die abendliche Herberge, obwohl sie deswegen auf ihren Reisen häufig in große Schwierigkeiten kamen. Wenn sie oft in der größten Kälte keine Herberge hatten, nahm sie ein Backofen auf, oder sie fanden sicherlich die Nacht über in Grotten oder Höhlen einen armseligen Unterschlupf. – Tagsüber aber verrichteten, die es konnten, Handarbeit in den Häusern der Aussätzigen oder an anderen ehrbaren Orten und dienten allen demütig und fromm. Sie wollten kein Amt ausüben, von dem ein Ärgernis hätte entstehen können, vielmehr, immer nur mit heiligen und gerechten, ehrbaren und nützlichen Werken beschäftigt, forderten sie alle, mit denen sie zusammen waren, zum Beispiel der Demut und zur Geduld auf.

So sehr hatte die Kraft der Geduld sie gewappnet, daß sie lieber dort sein wollten, wo sie leibliche Verfolgung zu erdulden hatten, als dort, wo man ihre Heiligkeit erkannte oder lobte und die Gunsterweise der Welt sie erheben konnten. Oft mußten sie Schimpf erdulden, Schmach erleiden, sich entblößen, schlagen, binden, in den

Franziskus von Assisi.
Dem Cimabue zugeschriebenes Fresko. Assisi

Kerker werfen lassen; aber sie ertrugen all das, ohne bei jemand Schutz zu suchen, so mannhaft, daß man aus ihrem Munde nichts als Lobgesang oder Danksagung vernahm. – Selten oder nie ließen sie ab vom Lobe Gottes und vom Gebet, sondern in ständiger Selbstprüfung überdachten sie all ihre Handlungen; für das, was sie Gutes getan, dankten sie Gott; für ihre Versäumnisse und Nachlässigkeiten entrichteten sie Seufzer und Tränen. Sie glaubten sich von Gott verlassen, wenn sie sich nicht dauernd im Geiste der Sammlung durch die gewohnte Gnade heimgesucht fühlten. Wenn sie sich dem Gebet hingeben wollten, lehnten sie sich an eine kleine Stütze, um nicht vom Schlaf übermannt zu werden. Einige hielten sich aufrecht an herabhängenden Stricken, damit nicht der Schlaf sie überwältige und so das Gebet gestört werde. – Einige legten sich eiserne Bußwerkzeuge um den Leib, andere trugen hölzerne Bußgürtel. Wenn einmal durch reichliche Speise oder Trank, wie es vorkommen kann, ihre Mäßigkeit gestört war, oder infolge der Ermüdung auf der Reise die Grenzen des Notwendigen um ein Geringes überschritten wurden, quälten sie sich viele Tage aufs heftigste mit Fasten. Schließlich suchten sie durch solche Abtötung die Reize des Fleisches zu unterdrücken, daß sie oft nicht davor zurückschreckten, sich in starrendem Frost zu entkleiden und den ganzen Körper mit spitzen Dornen bis zum Blutvergießen zu zerstechen.

So entschieden verachteten sie alles Irdische, daß sie selbst das Äußerste, was zum Leben notwendig ist, sich kaum anzunehmen getrauten und durch so lange Übung jeder körperlichen Erquickung entwöhnt, vor nichts Hartem mehr zurückschreckten. – Bei all dem trachteten sie nach Frieden und Verträglichkeit mit allen, handelten immer friedfertig und lauter und gaben sich größte Mühe, alles Ärgernis zu vermeiden. Sie redeten kaum, wenn die Zeit es forderte, noch kam aus ihrem Munde ein possenhaftes oder müßiges Wort, so daß man in all ihrem Leben und Wandel gar nichts Unziemendes und Unehrbares finden konnte. – All ihr Tun war sittsam, ihr Gang stets bescheiden, alle Sinne in ihnen waren so abgetötet, daß sie kaum etwas zu hören oder zu sehen sich getrauten, außer was ihre besondere Aufmerksamkeit erforderte: die Augen auf die Erde geheftet, weilten ihre Gedanken im Himmel. Kein Neid, keine Bosheit, kein Argwohn, keine Bitterkeit hatten bei ihnen Platz, vielmehr wohnte große Eintracht, dauernder Friede, Danksagung und Lobgesang unter ihnen. Das sind die Lehren, mit denen der fromme Vater nicht nur mit Wort und Zunge, sondern vor allem in Werk und Wahrheit seine neuen Söhne heranbildete.

Thomas von Celano, Vita prima. *15. Kap.*
(Nach der oben zitierten Übers.)

Lob der geistlichen Freude

Das sicherste Mittel gegen tausenderlei Nachstellungen und Listen des Bösen Feindes ist, wie unser Heiliger zu versichern pflegte, die geistliche Freude. Er sagte nämlich: «Dann hüpft der Teufel am meisten vor Freude, wenn er einem Knecht Gottes die Freude des Geistes entreißen kann. Er trägt Staub bei sich, den er nach Belieben in die Fältchen des Gewissens hineinwirft, um die Sauberkeit des Gewissens und die Lauterkeit des Lebens zu beschmutzen. Wenn aber», so sagt er, «die geistliche Freude die Herzen erfüllt, dann spritzt die Schlange vergeblich das tödliche Gift aus. Die bösen Geister können einem Knecht Christi nichts anhaben, wenn sie ihn mit heiliger Fröhlichkeit erfüllt sehen. Wenn jedoch der Geist in kläglicher Stimmung trostlos und traurig ist, wird er leicht entweder von der Traurigkeit aufgesogen oder eitlen Freuden überlassen.»

Daher trachtete der Heilige danach, stets im Jubel des Herzens zu verharren, die Salbung des Geistes und das Öl der Freude zu bewahren. Die Krankheit der Niedergeschlagenheit suchte er als die schlimmste mit der größten Sorgfalt zu vermeiden. Sobald er merkte, daß sie auch nur ein wenig in seinem Geist Eingang gefunden hatte, eilte er schnell zum Gebet. Er pflegte nämlich zu sagen: «Der Knecht Gottes, der, wie es vorkommen kann, aus irgendeinem Grunde verwirrt ist, muß sich sofort zum Gebet erheben und solange vor dem höchsten Vater verharren, bis dieser ihm die Freude seines Heiles wiedergibt. Wenn er nämlich länger schwermütig bleibt, dann nimmt jenes babylonische Übel zu, das schließlich, wenn es nicht durch Tränen ausgetilgt wird, im Herzen bleibenden Rost erzeugt.»

Thomas von Celano, Vita secunda, *88. Kap.*

Wie der heilige Franziskus auf einer Wanderung mit dem Bruder Leo diesem erklärte, was vollkommene Freude sei

Es ging einmal der heilige Franziskus von Perugia nach Santa Maria degli Angeli mit Bruder Leo zur Winterszeit, und die starke Kälte setzte ihm hart zu. Da rief er Bruder Leo, der vor ihm ging, und sagte: «Bruder Leo, wenn auch Brüder unseres Ordens überall ein hohes Vorbild von Heiligkeit und Erbauung geben, so schreibe du doch und zeichne es sorgfältig auf, daß darin nicht die vollkommene Freude besteht.» Nach einer Strecke Weges rief er abermals: «O Bruder Leo, wenn auch Brüder unseres Ordens die Blinden sehen machten und die Krüppel gerade, die Teufel austrieben, die Tauben hören, die Lahmen gehen und die Stummen reden ließen, ja, wenn sie, was mehr wäre, die Toten auferweckten am vierten Tage: schreibe, daß darin nicht die vollkommene Freude besteht.» Nachdem sie ein wenig weitergegangen waren, rief er laut: «Ach, Bruder Leo, wenn Brüder unseres Ordens alle Sprachen verstünden und alle Wissenschaften und Schriften, wenn sie zu prophezeien und nicht nur die

Zukunft, sondern auch die Geheimnisse der Herzen und Gewissen zu offenbaren wüßten: schreibe, daß darin nicht die vollkommene Freude besteht.»

Und wiederum nach einer Weile rief St. Franziskus laut: «Ach, Bruder Leo, wenn Brüder unseres Ordens so wohl zu predigen vermöchten, daß sie alle Ungläubigen zum Glauben an Christum bekehrten: schreibe, daß darin nicht die vollkommene Freude besteht.»

Kaum waren sie ein Stückchen weitergegangen, als St. Franziskus abermals laut rief: «Bruder Leo, du Schäfchen Gottes, wenn Brüder unseres Ordens in der Sprache der Engel reden könnten und den Lauf der Sterne und die Kräfte der Kräuter kennten; und wenn ihnen alle Schätze der Erde entdeckt würden und wenn sie das Wesen der Vögel, der Fische und allen Getiers, der Menschen, der Bäume, der Steine, der Wurzeln und der Gewässer zu erfassen vermöchten: schreibe, daß darin nicht die vollkommene Freude besteht.»

Unter solchem Gespräch waren sie wohl zwei Meilen gewandert, als Bruder Leo in großer Verwunderung fragte und sprach: «Vater, ich bitte dich um Gottes willen, daß du mir sagest, worin denn die vollkommene Freude besteht.» Und der heilige Franziskus antwortete ihm: «Wenn wir in Santa Maria degli Angeli ankommen, naß vom Regen und steif vor Kälte, beladen mit Schmutz und geplagt vor Hunger, und an die Klosterpforte pochen werden, so wird der Pförtner mißmutig herausschauen und fragen: ‹Wer seid ihr?› Wir aber werden sagen: ‹Wir sind zwei von deinen Brüdern.› Und er wird antworten: ‹Ihr sprecht nicht die Wahrheit; ihr seid vielmehr zwei Landstreicher, welche die Leute zu betrügen herumziehen und die Almosen der Armen in die Tasche stecken. Geht eures Weges!› Und er wird uns nicht öffnen, sondern uns draußen stehen lassen in Schnee und Regen, kalt und hungrig bis in die Nacht. Wenn wir dann so große Unbill, Grausamkeit und all das Fortweisen geduldig ertragen, ohne davon berührt zu werden oder über ihn zu murren; wenn wir still ergeben und demütig denken, daß der Pförtner uns ganz richtig erkannt hat und Gott aus ihm gegen uns spricht: dann, o mein Bruder Leo, dann schreibe, daß dies die vollkommene Freude ist. Und wenn wir nicht aufhören zu klopfen und er zornig herauskommen und uns wie nichtsnutzige Lumpen fortjagen wird mit Schimpfreden und Backenstreichen, sprechend: ‹Packt euch hier fort, ihr elenden Spitzbuben, schert euch ins Spital; hier sollt ihr weder Essen noch Herberge erhalten›, und wir auch das in Geduld, Fröhlichkeit und Liebe hinnehmen: dann, o Bruder Leo, schreibe, daß hierin die vollkommene Freude ist. Und wenn wir, von Hunger, Kälte und dem Dunkel der Nacht gepeinigt, noch dringender anklopfen und ihn unter Tränen um der Liebe Gottes willen anflehen werden, uns zu öffnen und einzulassen, und er in noch größerem Zorne sagen wird: ‹Das sind nichtsnutzige Tagediebe; ich werde ihnen nach Verdienst heimzahlen›, und er mit einem Knotenstock herauskommen, uns bei der Kapuze packen, uns niederwerfen, in den Schnee stoßen und uns Hieb auf Hieb mit dem Stocke versetzen wird; und wenn wir alles das in Geduld und Fröhlichkeit über uns ergehen lassen, es als Schickung Christi erachtend, die wir um seiner Liebe willen erleiden dürfen: dann, Bruder Leo, dann schreibe, daß hier und hierin die vollkommene Freude liegt. Und höre die Lehre daraus: Über alle Gnaden und Gaben des Heiligen Geistes, die Christus Seinen Freunden gewährt, geht es, sich selbst zu bezwingen und um Christi Liebe willen Mühen, Unrecht, Schmähungen und Drangsal zu ertragen. Denn aller der anderen Gaben Gottes können wir uns nicht rühmen, da sie nicht unser sind, sondern Gottes; weshalb der Apostel sagt: Was hast du, das du nicht von Gott hast, und wenn du es von Ihm hast, warum rühmst du dich dessen, als ob du es von dir hättest? – Aber des Kreuzes, der Bedrängnis und des Leides dürfen wir uns rühmen, denn das ist unser; daher der Apostel sagt: Ich will mich nicht rühmen, es sei denn des Kreuzes unseres Herrn Jesu Christi.»

Fioretti, 1. Teil, 8. Kap. (Nach der Übers. von Rudolf G. Binding, Insel Verlag, Leipzig, 1911.)

Wie der heilige Franziskus drei Raubmörder bekehrte und diese Ordensbrüder wurden

Der heilige Franziskus erging sich einmal in dem öden Land, das zu der sogenannten Vorstadt vom heiligen Grab gehörte, und kam dabei auf eine befestigte Höhe, die Monte Casale hieß. Da kam ein vornehmer und zarter Jüngling zu ihm und sprach: «Vater, ich möchte gern zu euren Brüdern gehören.» St. Franziskus antwortete: «Mein Sohn, du bist jung, zart und aus vornehmem Hause; vielleicht könntest du unsere Armut und harte Lebensweise nicht ertragen.» Er aber sagte: «Vater, seid ihr nicht Menschen wie ich? Wie ihr es also ertragt, werde ich es können, wenn Jesus Christus mir gnädig ist.» Diese Antwort gefiel dem heiligen Franziskus; daher segnete er ihn, nahm ihn auf der Stelle in den Orden auf und gab ihm den Namen Bruder Angelo. Und dieser Jüngling führte sich so gut, daß er ihn nach kurzer Zeit zum Guardian des Klosters von Monte Casale machte.

Zu jener Zeit hausten in der Umgegend drei berüchtigte Räuber, die viele Übeltaten im Lande verübten. Eines Tages kamen sie zu der genannten Niederlassung der Brüder und baten den Bruder Angelo, ihnen zu essen zu geben. Der Guardian aber ließ sie scharf an und antwortete: «Ihr Räuber und Mörder, ihr schämt euch nicht nur, die mühsame Arbeit andrer an euch zu reißen, sondern nun wollt ihr gar, unverfroren und frech wie ihr seid, euch an Almosen gütlich tun, die den Knechten Gottes zugewendet wurden! Die ihr doch nicht wert seid, daß die Erde euch trägt! Denn ihr habt keinerlei Achtung weder vor Menschen noch vor Gott, der euch erschuf. Hebt euch weg um euerer Missetaten willen und kommt mir nie mehr vor die Augen!» Da wurden sie sehr bestürzt und zogen verdrossen ab.

Doch siehe, da kehrte gerade der heilige Franziskus zum Kloster

Franziskus predigt den Vögeln. Glasfenster. Oberrheinisch, zwischen 1325 und 1330 entstanden. Königsfelden, Kloster der Klarissen St. Franziskus

heim und hatte die Tasche voll Brot und ein Krüglein Wein, das er und sein Begleiter sich erbettelt hatten. Als nun der Guardian ihm berichtete, wie er die Räuber fortgejagt hatte, tadelte er ihn heftig und sagte, er habe grausam gehandelt; denn Sünder würden eher durch Sanftmut als durch hartes Schelten zu Gott zurückgeführt. «Daher sagt auch unser Meister, Jesus Christus, dessen Evangelium wir nachzuleben versprochen haben, nicht die Gesunden bedürfen des Arztes, sondern die Kranken; und er sei nicht gekommen, die Gerechten zur Buße zu rufen, sondern die Sünder. Und darum hat er so oft sein Brot mit ihnen geteilt. Da es nun so ist, daß du gegen die Nächstenliebe und gegen das Heilige Evangelium gefehlt hast, befehle ich dir bei dem Gelübde des Gehorsams, unverzüglich diese Tasche mit Brot zu nehmen und diesen Krug mit Wein und hinter ihnen herzugehen, treulich über Berg und Tal, bis du sie findest. Dann biete ihnen all das Brot und all den Wein in meinem Namen an. Und beuge dein Knie vor ihnen und bekenne ihnen reumütig die Schuld deiner Härte. Bitte sie in meinem Namen, keine Untat mehr zu begehn, sondern Gott zu fürchten und ihre Mitmenschen nicht mehr anzufallen. Und wenn sie das tun wollen, so versprich ihnen, für ihre Bedürfnisse Sorge zu tragen und ihnen tagein tagaus Essen zu geben. Wenn du ihnen dies bestellt hast, so komm in Demut zurück.»

Während der Guardian auszog, um dem Befehl des heiligen Franziskus Folge zu leisten, warf sich dieser im Gebet nieder und bat Gott, die Herzen der Räuber zu erweichen und sie zur Buße zu bekehren. Der gehorsame Guardian holte sie ein, bot ihnen das Brot und den Wein und tat und sagte, wie ihm St. Franziskus aufgetragen hatte. Und da es Gott gefiel, begannen die Räuber, während sie das Almosen des heiligen Franziskus verzehrten, untereinander zu reden: «Weh uns armen Abenteurern! Welch schwere Strafen der Hölle müssen wir gewärtigen, die wir nicht nur ausziehn, unsere Nächsten zu berauben, zu schlagen und wegzuschleppen, sondern sie auch zu töten. Und trotz aller Übeltaten und Verbrechen, die wir verüben, haben wir keine Reue und keine Furcht vor Gott! Und da ist nun der fromme Bruder, der zu uns um ein paar Worte gekommen ist, die er mit Recht über unsere Niedertracht gesagt hat, und bekennt demütig seine Schuld! Das sind wahrhaftig die heiligen Brüder Gottes, die das Paradies verdienen. Wir aber sind Söhne des ewigen Verderbens, welche die Strafen der Hölle verdienen, und jeden Tag wachsen wir unserer Verdammnis entgegen; wir wissen nicht, ob es aus unsern Sünden, die wir bis heute begangen haben, noch einen Rückweg zu Gottes Barmherzigkeit gibt.»

Solches und Ähnliches sagte einer von ihnen; darauf sprachen die andern: «Gewiß, du sagst die Wahrheit; was sollen wir also tun?» «Laßt uns zu St. Franziskus gehn», sagte einer, «und wenn er uns Hoffnung gibt, daß wir die Vergebung Gottes für unsere Sünden erlangen, wollen wir tun, was er uns befiehlt, und unsre Seelen von den Strafen der Hölle erretten.»

Dieser Rat gefiel den andern; und sie wurden sich einig, sich eiligst zu dem heiligen Franziskus zu begeben, und sagten zu ihm: «Vater, wir, die wir so viele Verbrechen auf uns geladen haben, glauben nicht, daß es einen Rückweg zur Barmherzigkeit Gottes für uns gibt. Wenn du jedoch Hoffnung hast, daß uns Gott zur Vergebung zuläßt, so sind wir bereit, zu tun, was du uns sagst, und mit dir Buße zu tun.»

Da nahm sie St. Franziskus in seiner Liebe gütig auf und ermutigte sie durch sein Vorbild. Er machte ihnen Gottes Barmherzigkeit zur Gewißheit und versprach ihnen, sie selbst von Gott für sie zu erflehen. Und er zeigte ihnen, daß sie unermeßlich sei. «Und wenn wir auch unermeßlich viele Sünden hätten, Gottes Barmherzigkeit ist noch größer als unsre Sünden, wie das Evangelium lehrt; und der Apostel Paulus hat gesagt: Christus, der Gebenedeite, ist in diese Welt gekommen, um die Sünder loszukaufen.»

Auf diese Worte und ähnliche Lehren hin entsagten die drei Räuber dem Teufel und seinen Werken; St. Franziskus nahm sie in den Orden auf, und sie begannen, sich eifriger Buße zu unterziehen. Aber zwei von ihnen lebten nicht mehr lang nach ihrer Bekehrung, sondern gingen in das Paradies ein. Der dritte indessen, der am Leben blieb, gab sich in Gedanken an seine Sünden so tiefer Buße hin, daß er fünfzehn Jahre hindurch – abgesehn von den ordnungsmäßigen Fasten, die er mit anderen Brüder einhielt – drei Tage der Woche bei Wasser und Brot fastete, immer barfuß und mit nicht mehr als einem Rock bekleidet umherging, auch niemals sich nach der Frühmette wieder schlafen legte ...

Fioretti, 1. Teil, 26. Kap. (Nach der zitierten Übersetzung.)

Brief des Elias von Cortona an Gregor von Neapel

Meinem vielgeliebten Bruder in Jesu Christo, dem Bruder Gregor, Minister der Brüder, die in Frankreich sind, und allen seinen Brüdern und den unsrigen sendet der Sünder Bruder Elias seinen Gruß.

Bevor ich zu reden beginne, seufze ich, und mit gutem Grund: Wie Wasser, die über ihre Ufer treten, ist mein Schmerz, denn was ich befürchtete, ist mir widerfahren, ist euch widerfahren, und was ich besorgte, ist mir geschehen, ist euch geschehen: Unser Tröster ist von uns gegangen; und der uns wie Lämmer in seinen Armen trug, ist in ein fernes Land gepilgert. Geliebt von Gott und den Menschen, ward er in die Wohnungen des Lichts aufgenommen, nachdem er Jakob das Gesetz des Lebens und der Zucht gelehrt und Israel das Testament des Friedens übergeben hatte. Wir müssen uns sehr für ihn freuen, aber Leid empfinden um unseretwillen, die wir ohne ihn in Finsternis und Todesschatten gehüllt sind. Der Verlust ist uns gemeinsam, aber die Gefährdung betrifft mich besonders, da er mich in solcher Dunkelheit, umringt von allerhand Sorgen und bedrückt von zahllosen Kümmernissen zurückließ. Deshalb bitte ich euch: Teilt meinen Schmerz, so wie ich an eurem teilnehme; sind wir doch Waisen ohne den Vater und unseres Augenlichtes beraubt. Wahrhaftig: die Gegenwart unseres Vaters und Bruders Franziskus war nicht nur ein Licht für uns, die wir ihm nahe waren, sondern auch für Menschen, die uns durch ihre Tätigkeit, durch ihr Leben fernstanden. Er war nämlich ein vom wahren Lichte entsandtes Licht, das jene erleuchtete, die in der Finsternis weilten und im Todesschatten saßen, damit er ihre Schritte auf den Weg des Friedens lenkte. Sein Herz war erhellt vom wahren Mittag, der in der Höhe seinen Ursprung hat, und entflammt vom Feuer seiner Liebe. So verkündete er das Reich Gottes, bekehrte die Herzen der Väter zu ihren Kindern, teilte den Bedenkenlosen die Weisheit der Gerechten mit und bereitete allenthalben ein neues Geschlecht auf den Herrn vor. Bis in ferne Inseln drang sein Name und auf der ganzen Welt bewunderte man seine Werke. Seid darum nicht über das gebotene Maß hinaus betrübt, Söhne und Brüder; Gott, der Vater der Waisen, wird uns mit Seiner heiligen Tröstung beistehn, und wenn ihr weint, Brüder, so weint über euch selber, nicht über ihn, denn mitten im Leben sind wir im Tode, er aber ist vom Tode zum Leben hinübergewechselt. Seid frohen Mutes, denn bevor er uns entrückt wurde, segnete er wie ein zweiter Jakob alle seine Söhne, und allen vergab er die Schuld, die sie – sei es auch nur in Gedanken ihm gegenüber hätten auf sich laden können.

Und nachdem dies gesagt ist, verkünde ich eine große Freude und ein neues Wunder. Niemals noch wurde ein solches vernommen, außer bei Christus, dem Gottessohne. Nicht lange vor seinem Tode erschien unser Bruder und Vater als Gekreuzigter und trug vier Wunden in Wahrheit die Stigmata Christi, auf seinem Leibe: denn seine Hände und seine Füße und seine Hände waren auf beiden Seiten wie von Nägeln durchbohrt und zeigten die verbliebenen Narben und die Schwärze der Nägel. Seine Seite war offenbar von einer Lanze geöffnet und schwitzte häufig Blut aus. Solange der Geist in seinem Körper lebte, war sein Gesicht verzerrt und keines seiner Glieder blieb von Schmerzen verschont. Durch die Verkrampfung der Nerven waren sie starr, wie das bei einem Toten zu sein pflegt, aber nach seinem Tode bot er einen sehr schönen Anblick und nahm ein strahlendes Weiß an, so daß sich alle freuten, die ihn erblickten. Und seine Glieder, die vorher so starr waren, wurden nun wieder geschmeidig, so daß sie sich wie bei einem gelenkigen Knaben hierhin und dorthin wenden ließen, wie es der Stellung entsprach.

Preist also den Gott des Himmels, Brüder, und lobt ihn vor aller Angesicht wegen der Barmherzigkeit, die Er uns erwiesen hat, und bewahrt das Gedächtnis an unseren Vater und Bruder Franziskus zum Lobe und zum Ruhme Gottes, der ihn unter den Menschen erhob und ihn angesichts der Engel verklärte. Betet für ihn, so wie er es zuvor von uns gefordert hat, und betet zugleich zu ihm, damit uns Gott eines Tages mit ihm an Seiner Herrlichkeit teilhaben lasse. Amen ...

(Übersetzt nach dem Text in: Analekten zur Geschichte des Franziskus von Assisi, hg. von H. Boehmer, Mohr, Tübingen 1904)

Schlussgebet

Siehe, du unser seliger Vater, einfältiges Bemühen hat es versucht, deine herrlichen Taten, so gut es ging, zu preisen und von den ungezählten Tugenden deiner Heiligkeit wenigstens einiges zu deinem Ruhm aufzuzählen. Wir wissen, daß unsere Worte deinen ausgezeichneten Tugenden viel von ihrem Glanz nahmen, da sie unzureichend sind, die Großtaten einer solchen Vollkommenheit zu schildern. Wir bitten dich und die Leser, die Liebe wie den Eifer in Anschlag zu bringen und sich zu freuen, daß keines Menschen Feder die Höhen solch wunderbaren Lebens zu erreichen vermag. Denn wer, Ausgezeichneter unter den Heiligen, könnte das Feuer deines Geistes entweder in sich auflodern lassen oder auf andere übertragen? Wer wäre imstande, jene unsagbare Liebesglut, die ununterbrochen aus dir zu Gott strömte, zu erahnen? Doch wir haben dies geschrieben aus Freude über dein liebes Andenken, das wir, solange noch Leben in uns ist, anderen, wenn auch nur stammelnd, zu vermitteln suchen. Schon wirst du gespeist mit dem Mark des Weizens, nach dem du einst hungertest; schon wirst du getränkt vom Strom der Wonne, nach dem du bisher gedürstet. Wir glauben nicht, daß du so trunken bist vom Überfluß des Hauses Gottes, daß du darob deine Söhne vergäßest, da auch der, den du trinkst, an uns denkt. Ziehe uns also hinan zu dir, würdiger Vater, auf daß wir dir folgen im Duft deiner Salben, wir, die du uns durch Untätigkeit lau, durch Trägheit erschlafft, durch Nachlässigkeit halbtot siehst! Es folgt dir auf bereits schwankendem Pfade die kleine Herde.

Die Strahlen deiner Vollkommenheit kann die geschwächte Sehkraft unserer Augen nicht ertragen. Erneuere unsere Tage, wie vor alters, du Spiegel und Beispiel der Vollkommenen! Laß nicht zu, daß die im Leben dir unähnlich seien, welche durch das, was sie Gott gelobt, dir gleichartig sind!

Siehe, nunmehr breiten wir vor der Milde der ewigen Majestät in Demut unsere Bitten aus für Christi Diener, unseren Minister, den Nachfolger deiner heiligen Demut, den Eiferer für die wahre Armut, der fleißig Sorge trägt um deine Schafe, mit inniger Liebe um der Liebe deines Christus willen. Wir bitten dich, Heiliger, steh ihm bei und nimm ihn so unter deinen besonderen Schutz, daß er immer deinen Spuren folge und das Lob und den Ruhm, den du erlangt hast, auf ewig erlange.

Wir bitten aus tiefstem Herzensgrund, gütigster Vater, für Deinen

Sohn, der jetzt und schon früher einmal voll Hingabe Dein Lob niederschrieb. Auch dieses kleine Werk, wenn auch nicht würdig nach Gebühr, so doch fromm nach Kräften zusammengestellt, widmet und weiht er Dir zusammen mit uns. Bewahre und befreie ihn gnädig von jeglichem Übel, mehre in ihm die heiligen Verdienste und mach, daß er für immer durch Deine Bitten in die Gemeinschaft der Heiligen aufgenommen werde.

Gedenke all deiner Söhne, Vater, die von unentwirrbaren Gefahren bedrängt sind; du weißt genau, Heiligster, daß sie deinen Spuren nur von ferne folgen. Gib ihnen Kraft zu widerstehen! Reinige sie, so daß sie leuchten! Gib ihnen Freude als Vorgeschmack der Seligkeit! Erlange, daß über sie ausgegossen werde der Geist der Gnade und des Gebetes, damit sie die wahre Demut haben, die du gehabt; damit sie die Armut beobachten, die du gehalten; damit sie die Liebe verdienen, mit der du immer Christus, den Gekreuzigten, geliebt hast, der mit dem Vater und dem Heiligen Geist lebt und herrscht von Ewigkeit zu Ewigkeit. Amen.

Thomas von Celano. Vita secunda, 157. Kap.
(Nach der oben zitierten Übers.)

ZEITTAFEL

LEBEN DES HEILIGEN FRANZISKUS

1182 Geburt

1200 Aufstand der Bürger von Assisi. Eroberung der Rocca und Ausrufung der Republik von Assisi

Streit zwischen Kaisertum und Papsttum

1183 Vertrag von Konstanz zwischen Friedrich Barbarossa u. dem lombardischen Städtebund. Die Städte erkennen die Lehenshoheit des Kaisers an

1186 Kaiser Heinrich VI. heiratet Konstanze von Sizilien, Erbin des Königreichs beider Sizilien

1197 Tod Kaiser Heinrichs VI.

1198 Gleichzeitige Wahl zweier deutscher Kaiser: Philipps von Schwaben, des Kandidaten der Hohenstaufen, und Ottos von Braunschweig, des Kandidaten der Welfen

Die Kreuzzüge in das Heilige Land

Dritter Kreuzzug

1187 Saladin bemächtigt sich des christlichen Königreiches von Jerusalem

1188 Der dritte Kreuzzug wird beschlossen

1189 Erster deutscher Kreuzzug

1190 Friedrich Barbarossa ertrinkt im Saleph

1191 Richard Löwenherz erobert Cypern und sodann Akkon gemeinsam mit Philipp August von Frankreich. Sieg Richards über Saladin bei Arsur

1192 Richard Löwenherz kehrt nach Europa zurück und gerät in Deutschland in Gefangenschaft

1194 Kaiser Heinrich VI. bemächtigt sich Siziliens

1195 Niederlage Alphons' VIII. von Kastilien bei Alarcos

1197 bis 1198 Zweiter deutscher Kreuzzug, ohne Erfolg

Vierter Kreuzzug

1199 Foulques von Neuilly ruft zum Kreuzzug auf

ZEITTAFEL

LEBEN DES HEILIGEN FRANZISKUS

1202 Niederlage der Einwohner Assisis an der Porta San Giovanni
Franziskus gerät in Gefangenschaft
1203 Freilassung

1204 Krankheit. Er wird der Welt überdrüssig

1205 Die Vision von Spoleto

1206 Erscheinung des Gekreuzigten in San Damiano
Franziskus verzichtet auf das väterliche Erbe

1209 24. Februar: Der Ruf des Evangeliums in der Portiuncula
Erste Ordensgemeinschaft
Billigung der Regel durch Innozenz III.

1212 Einkleidung der heiligen Klara in der Portiuncula
Gescheiterter Aufbruch nach dem Orient

	Streit zwischen Kaisertum und Papsttum		Die Kreuzzüge in das Heilige Land
1201	Innozenz III. spricht sich für Otto von Braunschweig aus		
		1202	Die Kreuzfahrer sammeln sich in Venedig unter Führung des Bonifaz von Montferrat Einnahme Zaras
1203	Herzog Arthur von der Bretagne wird von Johann ohne Land ermordet. Philipp August konfisziert die auf dem Festland gelegenen Besitztümer des Königs von England	1203	Einnahme Konstantinopels. Flucht des Usurpators Alexios' III. und Krönung Alexios' IV.
		1204	Ermordung Alexios' IV. und Thronbesteigung Alexios' V. Balduin von Flandern wird lateinischer Kaiser von Konstantinopel
		1205	Niederlage von Adrianopel und Gefangennahme Balduins Der Kreuzzug verläuft sich im Sande
1208	Ermordung Philipps v. Schwaben. Reichstag in Frankfurt. Otto IV. wird einstimmig zum Kaiser gewählt		
1209	Exkommunizierung Johanns ohne Land		
1210	Eroberung Italiens durch Otto IV. Er wird durch Innozenz III. exkommuniziert		
1211	Reichstag von Nürnberg Absetzung Ottos und Wahl Friedrichs II., Königs von Sizilien, Sohn Heinrichs VI.		
		1212	Kinderkreuzzug

ZEITTAFEL

	Leben des heiligen Franziskus
1214	Reise nach Marokko, in Spanien durch Krankheit unterbrochen Heimkehr nach Assisi
1215	Konzil im Lateran. Begegnung des heiligen Franziskus mit dem heiligen Dominikus
1217	Einteilung des Ordens in Provinzen und Entsendung von Missionaren ins Ausland
1218	Der Kardinal Hugolin wird auf seinen eigenen Wunsch zum Protektor des Ordens der Minderbrüder ernannt
1219	Franziskus bricht nach Ägypten auf
1220	Franziskus ernennt Petrus Cathanii zu seinem Stellvertreter
1221	Petrus Cathanii stirbt. Sein Nachfolger wird Elias von Cortona Veröffentlichung der zweiten (ersten erhaltenen) Regel
1223	Ausarbeitung der neuen Regel, die am 23. November vom Papst gebilligt wird
1224	17. September: Stigmatisation
1225	Der hl. Franziskus dichtet den «Sonnengesang»
1226	3. Oktober: Franz von Assisi stirbt in der Portiuncula
1228	16. Juli: Feierliche Heiligsprechung des Franz von Assisi

Streit zwischen Kaisertum und Papsttum

1214 Otto IV., Verbündeter Johanns ohne Land, wird in Bouvines von Philipp August von Frankreich geschlagen

1215 Aufstand der englischen Barone. Johann ohne Land unterzeichnet die Magna Charta

1216 Innozenz III. stirbt in Perugia. Honorius III. wird zum Papst gewählt

1227 Friedrich II., der seit zwölf Jahren seinen Kreuzzug hinzögert, wird von Gregor IX. exkommuniziert

1228 Jean de Brienne, König von Jerusalem und Friedrichs Schwiegervater, dringt mit dem päpstlichen Heer in das Königreich Neapel ein

Die Kreuzzüge in das Heilige Land

Fünfter Kreuzzug

1217 Die Kreuzfahrer schiffen sich unter König Andreas II. von Ungarn in Neapel ein

1219 Einnahme von Damiette

1221 Niederlage und Rückzug der Kreuzfahrer

Sechster Kreuzzug

1228 Friedrich II. tritt seinen Kreuzzug an. Er landet in Akkon

ZEITTAFEL

LEBEN
DES HEILIGEN FRANZISKUS

1230 25. Mai: Die sterblichen Überreste des hl. Franziskus werden in die Patriarchalbasilika von Assisi überführt

Streit zwischen Kaisertum und Papsttum

1229 Der Kaiser landet an der apulischen Küste und vertreibt das Heer des Papstes

1230 Vertrag von San Germano: Friedrich II. unterwirft sich Gregor IX. und wird vom Bannfluch befreit

Die Kreuzzüge in das Heilige Land

1229 Vertrag von Jaffa mit Sultan Elkamil. Zehnjähriger Waffenstillstand. Einzug Friedrichs II. in Jerusalem, dann Rückreise des Kaisers nach Italien

ZEUGNISSE

Franziskus in unserer Zeit

Rainer Maria Rilke

O wo ist der, der aus Besitz und Zeit
zu seiner großen Armut so erstarkte,
daß er die Kleider abtat auf dem Markte
und bar einherging vor des Bischofs Kleid.
Der Innigste und Liebendste von allen,
der kam und lebte wie ein junges Jahr;
der braune Bruder deiner Nachtigallen,
in dem ein Wundern und ein Wohlgefallen
und ein Entzücken an der Erde war.

Denn er war keiner von den immer Müdern,
die freudeloser werden nach und nach,
mit kleinen Blumen wie mit kleinen Brüdern
ging er den Wiesenrand entlang und sprach.
Und sprach von sich und wie er sich verwende,
so daß es allem eine Freude sei;
und seines hellen Herzens war kein Ende,
und kein Geringes ging daran vorbei.
Er kam aus Licht zu immer tieferm Lichte,
und seine Zelle stand in Heiterkeit.
Das Lächeln wuchs auf seinem Angesichte
und hatte seine Kindheit und Geschichte
und wurde reif wie eine Mädchenzeit...

O wo ist er, der Klare, hingeklungen?
Was fühlen ihn, den Jubelnden und Jungen,
die Armen, welche harren, nicht von fern?
Was steigt er nicht in ihre Dämmerungen —
der Armut großer Abendstern.

Aus dem Stundenbuch. 1905

Henry Thode

In Liebesglut verzehrte sich sein Leben. Dieselbe Unbedingtheit eines in jedem Augenblicke sich ganz und voll hingebenden Wesens, dieselbe Fülle der Lebensempfindung, dieselbe feurige Begeisterungsfähigkeit, dieselbe erregbarste Phantasie, die ihn in seinen frühen Jahren zum Führer einer ritterlichen Idealen und Lebensgenüssen nachjagenden Jugend gemacht, gibt seiner gottgeweihten Tätigkeit die unwiderstehlich mit sich fortreißende Gewalt, läßt ihn vor dem Geringsten sich in Selbstdemütigungen erniedrigen, deren Erscheinungsformen bis an die äußersten Grenzen des Begreiflichen gehen, treibt ihn zu einer die Kraft des Wunders in sich tragenden Selbstentäußerung, verleiht seiner rastlosen geistigen Wirksamkeit in Predigt, Lehre, Wohltun und Gebet den Sieg über alle Anforderungen seines zarten Leibes, gebietet ihm asketische Brechung seines Willens, erweckt ihm den Wunsch des Martyriums und gewährt ihm endlich in Augenblicken höchster Entzückung das Erlebnis des mit Christus Gekreuzigtwerden in der Stigmatisation auf dem Berge Alverna.

Blüten des Heiligen Franziskus. Einleitung. 1905

Rudolf G. Binding

Sein Herz war der Spiegel und der Widerhall jenes freudigen tönenden Landes. Das Schöne war ihm der Abglanz Gottes; und am Abglanz Gottes fand sein Herz sein Genüge und seine Freude. Die Blumen, die Vögel und alle Gestirne waren ihm seine Geschwister, und die Armut machte er zu seiner Braut. Denn er war so reich wie jegliche Kreatur vor ihrem Schöpfer und auch so demütig vor ihm.

Trunken vom Göttlichen war er bis zur Verzückung; in allem schaute er Gott. Und Gottes war er so voll, daß ihm alles rein war; daß er die Aussätzigen küßte, den Schmerz belächelte, die Demütigung zum inneren Triumph wandelte.

Blümlein des heiligen Franziskus. Einleitung. 1921

Theodor Däubler

O heiliger Franz, du aber hast dich aller wimmernden Wesen erbarmt, den Vögeln Christi Wort verkündet, die fernsten und fremdesten um dein Kloster La Verna versammelt; auch heute verfolgt sie dort niemand: weil du sie belehrt, ihnen Hoffnung aufs kommende Reich fromm gespendet! Heiliger Franz, gesegnet sei dein Angedenken, auch weil du den Tieren Seele zugesprochen!

Der heilige Berg Athos. 1923

Felix Timmermans

Groß und schön ist er, der Heilige! Er duftet so einzigartig im blühenden Garten der Heiligen. Der Glanz seiner reinen Freude zieht uns an. Er wird der Spielmann Gottes, der Minnesänger des Herrn genannt. Man kann ihn sich, trotz seiner gewaltigen Bußübungen und seiner brennenden Reue, nicht anders als mit einer lebendigen Freude in den Augen vorstellen, es ist die Freude in seiner freiwilligen Armut, in seiner glühenden Liebe, in seinem Kampf gegen die

Versuchungen, Freude in seinem Leiden und Freude in seinem schönen Tod.

Er ist der Heilige, der singt, der Heilige, der lacht, der Heilige, der küßt, der Geige spielt, indem er mit einem Stock über seinen Arm streicht, ein tanzender Engel Angelicos. Der Heilige, der freudig die Natur besingt, der freudig Gottes Natur liebt, nicht verschwommen wie ein Pantheist, sondern klar in allem, so wie ein Gärtner jede Blume seines Gartens für sich liebt. Freude! Freude! Es ist ganz und gar Musik! Er hängt wie mit einem goldenen Faden an Gott, und an diesem goldenen Faden pendelt er seine Lebensfreude aus. Der Minnesänger Gottes! Er rauscht von Musik und freudiger Liebe. Er ist der Dichter unter den Heiligen; all seine Taten sind spontane Gedichte, seine Worte Musik! Und lieber als einen poetischen Heiligen möchte man ihn einen heiligen Poeten nennen.

Ins Land der Apfelsinen. 1926

Reinhold Schneider

Nicht allein in der Gemeinschaft der Brüder lebte fortan sein Bild; es lebte in Häusern und Burgen, auf den Märkten und unter den Reisenden. Die sichtbaren Spuren verlieren sich; in Wahrheit ist Franziskus eingegangen in das Dasein der Völker, bereitet er dort noch das Reich seines Herrn vor, wo kein Auge ihn sucht; Gedanke und Gebet, der Geist, in dem eine Arbeit getan wird, verwandeln sich unter dem Einfluß des Heiligen; in die geistige Wirklichkeit strömt die Macht seiner Innigkeit, seines Ernstes und seiner Freude ein, und von dieser Veränderung her wird das Gepräge der Zeiten, der Gang der Schicksale mitbestimmt. Gewiß wurde der Heilige nicht zum Herrn der Zeit; zu mächtig, zu vielfältig waren die widereinander wirkenden Kräfte. Aber ein Sternbild war aufgegangen; es zog die Blicke an und übte seinen unwiderstehlichen Einfluß auf die Gemüter der Menschen, und wohin die Gemüter gewendet sind, dorthin strebt die Tat.

Die Stunde des heiligen Franz von Assisi. 1943

Max Picard

Der hl. Franz von Assisi war der ganz und gar Ungewöhnliche, ungewöhnlich durch die Unmittelbarkeit seiner Liebe zu Christus. Bei ihm gab es nicht mehr den Weg zu Christus, jeder Weg war aufgesogen in der Unmittelbarkeit. Es ist die Unmittelbarkeit an sich, die absolute Unmittelbarkeit, die bei diesem Heiligen ist. Diese absolute Unmittelbarkeit kann nur die Liebe sein, sie ist mit ihr identisch, denn die Liebe allein hat, wie die Unmittelbarkeit, keine Genese, keinen Weg und keine Geschichte; Genese, Weg und Geschichte sind aufgesogen im Sein der Liebe.

Zerstörte und unzerstörbare Welt. 1951

Die Bücher kosten nur noch ein Fünftel ihres früheren Preises . . .

BIBLIOGRAPHIE

Die vorliegende Bibliographie stellt lediglich die unentbehrlichsten Bücher über Franziskus von Assisi und sein Werk zusammen. Der Bibliograph konnte sich dabei auf die kundige Vorarbeit von P. Dr. Kajetan Eßer stützen.

1. *Wissenschaftliche Hilfsmittel*

Goetz, Walther: Die Quellen zur Geschichte des hl. Franz von Assisi. Gotha 1904

Facchinetti, Vittorino: San Francesco d'Assisi. Guido bibliografico. Milano 1928

Borne, Fidentius van den: Die Franziskus-Forschung in ihrer Entwicklung dargestellt. München 1917 (Veröffentlichungen aus dem kirchenhistorischen Seminar München. IV, 6)

2. *Werke, Lebenszeugnisse, Legenden*

Lützeler, Heinrich: Der heilige Franziskus. Die ältesten Urkunden. Gesammelt und übers. Einführung von Alois Dempf. Kempten 1949

Die Schriften des Hl. Franziskus von Assisi. Einführung, Übers. und Auswertung von Kajetan Esser und Lothar Hardick. Werl 1951 (Franziskanische Quellenschriften. 1)

Franz von Assisi: Die Werke: Sonnenaufgang, Testament, Ordensregeln, Briefe. Die Blümlein. Übers. von Wolfram von den Steinen und Max Kirschstein. Mit einem Essay und einer Bibliographie von Wolfram von den Steinen. Hamburg 1958 (Rowohlts Klassiker der Literatur und Wissenschaft. 34)

Thomas von Celano: Leben und Wunder des Heiligen Franziskus von Assisi. Einführung, Übers. und Anm. von Engelbert Grau. Werl 1955 (Franziskanische Quellenschriften. 5) [Der Band enthält die Vita prima (1229), die Vita secunda (1246) und den Tractatus de miraculis (1253), also die wichtigsten Quellen zur Vita des Heiligen Franziskus.]

Leben und ‹Goldene Worte› des Bruders Ägidius von Assisi. Einführung, Übers. und Erläuterungen von Paul Alfred Schlüter und Lothar Hardick. Werl 1953 (Franziskanische Quellenschriften. 3)

Leben und Schriften der heiligen Klara von Assisi. Einführung, Übers. und Erläuterungen von Engelbert Grau. Werl 1952 (Franziskanische Quellenschriften. 2)

Bonaventura: Legenda Sancti Francisci. [1263] Übers. von Gisbert Menge. Paderborn 1918

Legenda Antiqua. [Von Bruder Leo??] Ed. F. Delorme. Paris 1926

Julian von Speyer: Vita Sancti Francisci. [1232] Übers. von Robert Hammer. Paderborn 1922

Legenda trium sociorum. Bericht von dem Leben des Heiligen Franziskus, von der Tradition zugeschrieben den Brüdern Leo, Rufinus und Angelus, seinen vertrauten Gefährten. Übers. von Siegfried Johannes Hamburger. München 1923

Franziskus von Assisi. Legenden und Lauden. Hg. von Otto Karber. Zürich 1945

Fioretti di S. Francesco: Introduzione die Giovanni Getto. Milano 1946

Blütenkranz des heiligen Franziscus von Assisi. Übers. von Otto Frh. von Taube. Mit Einführung von Henry Thode. Jena 1905
Die Blümlein des Heiligen Franz. Übertr. von Rudolf G. Binding. Leipzig 1911
Der Blumenstrauß des Heiligen Franziskus. Übers. von O. Kunze. Innsbruck 1921
Blütenranken um das Leben des heiligen Franziskus von Assisi und seiner ersten Ordensbrüder. Hg. von Hanns Schönhöffer. Bd. 1. 2. Freiburg i. B. 1922—1923
1. Die Fioretti des heiligen Franziskus
2. Spiegel der Vollkommenheit oder der Bericht über das Leben des heiligen Franziskus von Assisi

3. Ikonographie und Topographie

Facchinetti, Vittorino: Iconografia Francescana. Milano 1924
Künstle, Karl: Ikonographie der christlichen Kunst. Bd. 2: Ikonographie der Heiligen. Freiburg i. B. 1926
Hauser, W., und L. von Matt: Franz von Assisi (200 Bilder). Würzburg o. J.
Kleinschmidt, Beda: St. Franz von Assisi in Kunst und Legende. München-Gladbach 1911
Gerstfeldt, Olga von: Umbrische Städte. Leipzig 1909 (Stätten der Kultur. 17)
Cavanna, Nicola: L'Umbria francescana illustrata. Perugia 1910
Angelini-Rozza, Giuseppe: L'Umbria. Torino 1925
Goetz, Walther: Assisi. Leipzig 1909 (Berühmte Kunststätten. 44)
Ruconi, I.: Assisi. Bergamo 1909
Kleinschmidt, Beda: Die Basilika San Francesco. 3 Bde. Berlin 1915—1927
Schweinfurth, Philipp: Das Leben des Franziskus in den Fresken der Oberkirche von Assisi. Mainz-Berlin 1965

4. Einige Gesamtdarstellungen und Untersuchungen

Aus der großen Zahl der Biographien sollen nur die neueren in kleinerer Auswahl genannt werden.

Thode, Henry: Franz von Assisi und die Anfänge der Kunst der Renaissance in Italien. Berlin 1885
Schnürer, Gustav: Franz von Assisis. Mainz 1905
Saitschik, Robert: Franziskus von Assisi. München 1916
Facchinetti, Vittorino: S. Francesco d'Assisi nella storia, nella leggenda, nell'arte. Roma 1926
Fortini, Arnaldo: Nova vita di S. Francesco d'Assisi. Milano 1926
Schneider, Reinhold: Die Stunde des heiligen Franz von Assisi. Kolmar 1943 — 2. Aufl. Heidelberg 1946
Bernhart, Joseph: Franz von Assisi. Leben und Wort. Freiburg i. B. 1944 — 3. Aufl. München 1956

Werkbuch zur Regel des Heiligen Franziskus. Hg. von den deutschen Franziskanern. Werl 1955 [Als Ms. gedruckt.]
Felder, Hilarin: Die Ideale des heiligen Franziskus von Assisi. Paderborn 1923 — 6. Aufl. 1951

BENZ, ERNST: Ecclesia spiritualis. Kirchenidee und Geschichtstheologie der franziskanischen Reform. Stuttgart 1934
MÜLLER, MARIANUS: Gottes Kinder vor dem Vater. Ihr Werden, Sein und Leben. Freiburg i. B. 1938
ESSER, KAJETAN: Das Testament des heiligen Franziskus von Assisi. Eine Untersuchung über seine Echtheit und seine Bedeutung. Münster 1947
VEUTHEY, LEO: Einswerden mit Christus. Franziskanische Geisteslehre. Düsseldorf 1949
LORTZ, JOSEPH: Der unvergleichliche Heilige. Gedanken um Franziskus von Assisi. Düsseldorf 1952
DUKKER, CHRYSOSTOMUS: Umkehr des Herzens. Der Bußgedanke des heiligen Franziskus von Assisi. Werl 1957

5. *Zur Geschichte des Franziskanerordens*

a) Quellen

ANALECTA FRANCISCANA sive Chronica aliaque varia documenta ad historiam Fratrum Minorum spectantia. Bd. 1—10. Firenze 1885—1928
Analekten zur Geschichte des Franciscus von Assisi. Og. von H. BOEHMER. Tübingen 1904 [Auswahlband aus obiger Sammlung.]
WADDING, LUCAS: Annales Minorum. Vol. 1—8 [Bis 1540] Lyon 1625—1654 [Dazu verschiedene Fortsetzungen. 25 Bde. 1741—1899]
Franziskanische Forschungen. Hg. von PHILOTHEUS BÖHNER und JULIAN KAUP. Bd. 1 f. Werl 1935 f

b) Darstellungen

HOLZAPFEL, HERIBERT: Handbuch der Geschichte des Franziskanerordens. Freiburg i. B. 1909
ZAWART, ANSCAR: The history of Franciscan preaching and of Franciscan preachers. New York 1928
GEMELLI, AGOSTINO: Il Francescanesimo. Milano 1932 — Dt.: Das Franziskanertum. Leipzig 1936
HUBER, R. M.: A documented history of the Franciscan Order. Milwaukee 1944
ESSER, KAJETAN: Der Orden des heiligen Franziskus. Seine geistige Gestalt und seine Aufgabe im Reiche Gottes. Werl 1952
CASUTT, LAURENTIUS: Die älteste franziskanische Lebensform. Untersuchungen zur Regula prima sine bulla. Graz 1955

c) Leben und Werke einiger großer Franziskaner

LÉON, T. R. P.: L'auréole séraphique. 4 vols. Paris 1883 [Sammlung von Lebensbeschreibungen der Heiligen und Seligen des seraphischen Ordens.]
BONAVENTURA: Opera omnia studio P. P. collegii a. S. Bonaventura. 10 vols. Quaracchi 1882—1902
BONAVENTURA: Itinerarium mentis ad Deum. ‹Pilgerbuch des Geistes zu Gott.› (Übers. von Julian Kaup und Philotheus Böhner.) Werl 1932
BONAVENTURA: Mystisch-asketische Schriften. (Übertr. und hg. von Siegfried Johannes Hamburger.) Bd. 1. München 1923

GILSON, ÉTIENNE: La philosophie de Saint Bonaventure. Paris 1924 — Dt.: Leipzig 1929
JACOB VON MAILAND: Stimulus amoris. Firenze 1905
CARTON, RAOUL: La synthèse doctrinale de Roger Bacon. Paris 1924
GILSON, ÉTIENNE: Johannes Duns Scotus. Paris 1952
ANGÈLE DE FOLIGNO: Le livre de la bienheureuse Angèle. Éd. par Paul Doncœur. Paris 1925
FERRÉ, M. J.: Angela de Foligno. Paris 1928
VALUGANI, PIETRO: San Pietro d'Alcantara. Milano 1954

NAMENREGISTER

Die kursiv gesetzten Zahlen bezeichnen die Abbildungen, die hochgestellten Ziffern verweisen auf die Fußnoten

QUELLENNACHWEIS DER ABBILDUNGEN

Alinari-Giraudon: 8/9, 29 und Umschlag-Rückseite, 47, 53, 56, 96, 113 und Umschlag-Vorderseite, 119, 125, 126, 131
Anderson-Giraudon: 23, 24, 30, 33, 36, 39, 44, 51, 71, 95, 128, 132
Éditions du Seuil: 26, 27, 82, 83, 85, 88, 89, 99, 101, 102, 116
Éditions Franciscaines: 16, 17, 18, 42, 59, 78, 87, 91, 92, 93
Jean-Marie Marcel: 12, 21, 43, 48, 49, 141, 159
Vie catholique Illustrée: 62, 108
Brogi-Giraudom: 123, 145
Georges Viollon: 6, 34
P. Kajetan Eßer OFM: 153
D. A. C. A.: 148
Giraudon: 69
F. Meyer: 137
Ullstein: 75